手軽にできるていねいな食生活

時間やお金を
かけなくても

加藤ゑみ子

Discove

はじめに

生きる喜びは、衣食住がそろって豊かで美しく、生活が楽しく繰り広げられていることです。そして食はすべての始まりです。

食べ物を美味しく感じるのは味覚ですが実際には味覚だけではなく、香りや触覚、聴覚、視覚の五感の感覚を総動員して美味しさを感じようとします。とはいえ主として味覚が誘発されることから五感に磨きがかかり、すべてのセンスが高まり美しさを喜びます。センスを磨くには美しいものをたくさん見たり聞いたりと言いますが、美味しいものを食べることが何にも勝ることかもしれません。

美味しいものには二種類あります。プロの最高級のお味と、毎日食べていても飽きずに美味しいと思える自宅での料理のお味です。材料も手間もその方法も異なるいわば商品、プロの味を毎日食べ続けたら、病気になるか飽きてしまうかでしょう。なぜならプロの人ですら自宅で加熱しただけの野菜を食べてホッとするそうですから。

つまり自宅ではできるだけナチュラルなあっさりした美味しさが身体にも気分にも適しているということです。健康と美容は栄養のバランスがよくなければ維持できません。手軽に買えて誰にでも好まれる、見事に美味しすぎる商品が多いことを喜ぶべきでしょうか。美味しすぎることは要注意ではないかと少しばかり心配になります。

この度、10年前に『知食のルール』というタイトルの食の考え方に取り組みました拙著をリメイクしましょうというお声がけをいただきました。今更のように食の環境の変化を見直してみますと、安上がりの食材には皆様ご存知の恐ろしい現実があり、贅沢すぎるプロのお味に翻弄されるのも決して健康的ではないと感じるに至りました。何を学ぶにも、身につけるにも自然を師とし日常生活をそのトレーニングの場とすることに尽きます。

今この時代こそ自分で料理する、調理する、加工することにできるだけ多くの時間をかけていただきたいという願望が高まりました。そこでその手引きまたはヒントにもなるものにリメイクしたいと思いました。

基本的には自宅で毎日食べる料理は「身体によい栄養バランスを持った美味しさ」です。食欲増進のために「見た目を美しいものにする」には、凝ったものではなく失敗のないシンプルなもの、できれば「簡単で手軽にできる」ことでしょう。義務感ではなく楽しみながら料理ができる方法をご理解いただければ幸いと考えます。

自宅料理を面倒や義務ではなく喜びとしてつくるよき習慣が生まれ保たれていけば、家庭のやさしいお味が人柄のやさしさをつくることにもつながるでしょう。

スーパーマーケットには予算に応じていろいろなお総菜が並び、飽食の時代さながらです。しかしながら、味つけはどんな方法でされているのかしらとか、健康によいものばかりでつくられているのかしらと、疑問を持ってしまうと手が出にくくなります。

たまには、つくっている時間がないとか、あえて出来合いのものも食べてみたくなることもあります。しかし、それは丁寧な食生活ではありません。

自分でつくる、自分で味つけをする、それが基本的な食生活と言えるもので、日常生活を丁寧にするには食生活から始めるべきなのです。日常生活の丁寧さ次第で、感性、個性、人柄、やさしさ、人づき合いの力などが培われるのです。たくさんの情報や、多くの旅行以上の効果があります。

もくじ

はじめに 002

第◯章
食は生きる喜びです

まずは食に対する意識改革が必要です 012

1 美味しいものは五感をレベルアップさせます 014
2 よい食材のやさしい味つけがよい人柄をつくります 018
3 美味しい料理は美しいキッチンでつくられます 022
4 調理のプロセスが感性を磨き、人を聡明にします 026
5 季節を感じ取ることで心も身体も整います 030

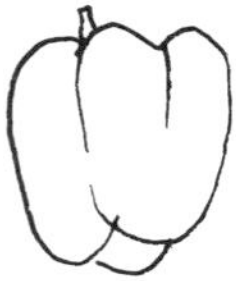

第1章

一週間のメニューを考えましょう

一週間の食事に思いを馳せます　034

1　身体によく手軽で美味しいメニューにしましょう　036
2　シンプルな食材に適切な手間をかけるのがよいメニューです　040
3　旬の食材を加えてメニューの変化を楽しみましょう　044
4　特別な日のメニューも考えておきます　046

第2章

すべては買い物から始まります

必要のないもの、加工された食品は買わないようにします　050

1　食材選びは真剣勝負、食材を自分で認定します　052
2　旬の食材を意識して買い求めましょう　056
3　買い物の目安は一週間に一度です　062
4　調味料などは一ヶ月くらいで補充します　064
5　緊急時に備えてストックしておくべきものもあります　066

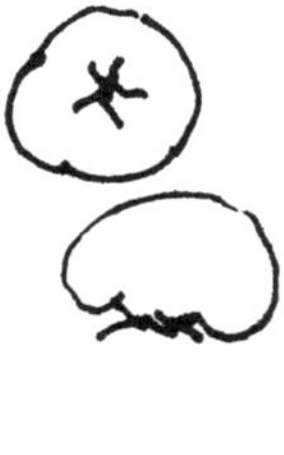

第3章

コツは、買ってきたらすぐに処理して保存すること

1 買ってきた食材を「うちの子」にしましょう 070
2 そのまま保存する方法 072
3 下処理をする方法 074
4 自家製加工食品にして保存する方法 080
半完成品にして保存する方法 083

第4章

さあ、いよいよ調理の時間です！

1 定番料理がいちばん美味しい 088
2 味つけを決める五つのポイント 090
3 主菜の定番料理は自家製の保存食材を使います 108
4 副菜は主に常備菜でつくります 115
常備菜でひと皿満足料理ができれば十分です 127

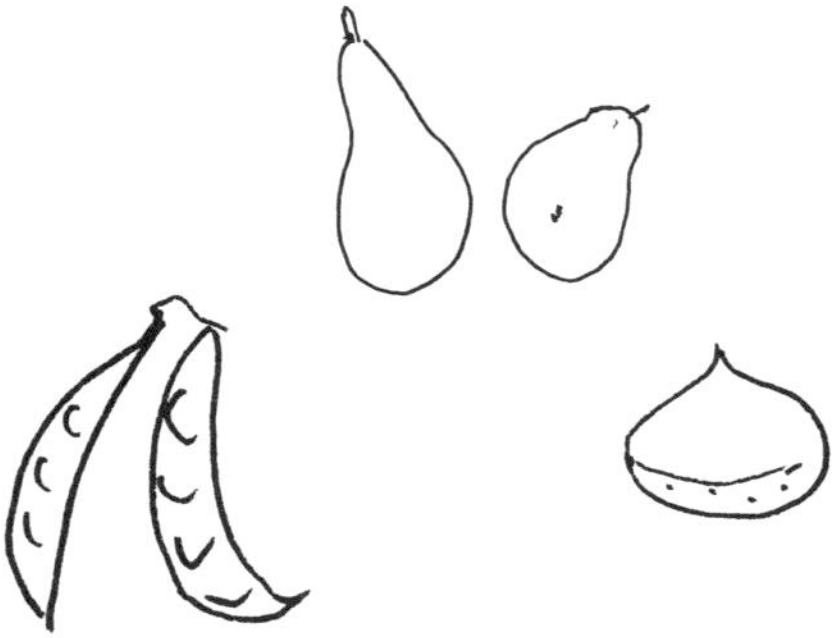

5 季節の一品料理を覚えておきましょう 130
6 相性のよい食材を知っておきます 133
7 卵料理は主菜にも副菜にもなります 139
8 朝食は家庭によってさまざまな考え方があります 142

第5章 美味しさは盛りつけとセッティングの美しさから

日常生活の丁寧さは習慣で手軽になります 148
1 日常で楽しむ盛りつけ三つのポイント 150
2 日常で楽しむセッティング三つのポイント 153
3 食器選びで生活感覚を整えます 155
4 丁寧に心を込めて花を飾ります 159
5 食卓の会話も家庭料理の一部です 161

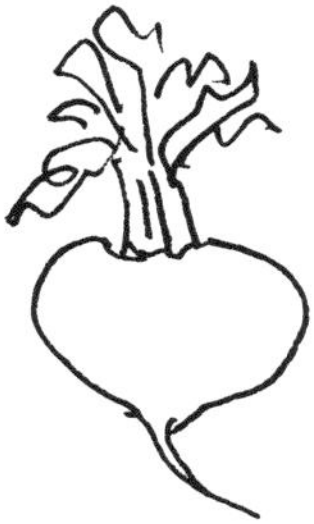

第6章 お招きも、いつもの自慢料理で

お客様にいかに満足していただくか 164

1 見た目美しく、粗相はサービスでカヴァーします 165
2 喜ばれるのは定番の得意料理です 169
3 高級食材を試す機会にもなります 176
4 相手を思いやることがすべてです 178

第7章 スイーツこそ自家製でつくりましょう

簡単でナチュラルなスイーツは日常食の一部です 180

1 コンフィチュールは手軽にできます 181
2 このパウンドケーキは失敗しません 183
3 和菓子もこれならできます 184
4 タルトの生地もつくります 186

あとがき 188

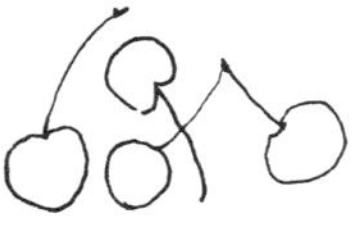

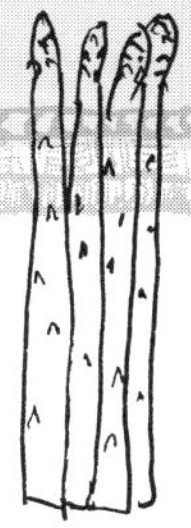

第〇章

食は
生きる喜びです

まずは食に対する意識改革が必要です

毎日の食事を無駄なく楽しむことで、日常生活は豊かに美しいものになります。仕事が最も大切な方、眠ることが喜びという方、生き方はそれぞれですが、多くの人は、「食べること」を生きている喜びと感じています。

食は生きる喜びです。ところが、家庭での食事（内食）をつくる食生活の担い手は、義務のように思える毎日の料理に悩まされて、できれば一回でも手を抜きたいと思うのが正直なところです。

せっかく本書を手に取ってくださったのですから、食生活の改革を試みましょう。具体的な方法は、一章以降でお伝えしますが、本章ではその基礎となる意識改革についてお話しします。

食生活の責任者は、義務で食事をつくる人ではなく、エンターテインメントの仕掛け人なのです。食というものが、人が生きるためにいかに大切なものかをもっと強く自覚しましょう。よい生き方、健康で楽しく人々がつながり、次の世代に命をつなげていけるような食を常に意識して毎日の食事をつくりましょう。

よい食しか口にしたくないとまでは言わなくとも、できるだけ間違いのない美味しいものを食したいと願いそれを叶えるのが家庭料理、自宅での食事なのです。本章で食の大切さを納得されて、義務ではなく仕掛け人になりましょう。

1

美味しいものには五感をレベルアップさせます

人が「美味しい」と感じるのは、五感（味覚・視覚・嗅覚・聴覚・触覚）が総合的に満足したときです。

味覚は、舌や口内が感じる五味（甘さ・塩っぱさ・酸っぱさ・辛さ・苦さ）を楽しむ感覚です。ただ、日常で「美味しい」ということは味覚だけではなくほかの感覚も加わった総合的な評価なのです。

それは視覚的に美しい色、形であり、料理が美味しそうに見えれば、美味しいと感じる準備をしています。料理を見れば食材がわかって、それが好きな食材であれば、早く食べたいと喉から手が出るのです。

美味しい料理は、嗅覚、聴覚、触覚にも好ましく働きかけてきます。

料理がテーブルの上に置かれる前からすでにかぐわしい匂いがしています。犬でなくともクンクンと鼻を鳴らしたくなるわけです。手で取って食するのでなくともお箸やカトラリーを通じてそれが柔らかいか硬いか触覚が伝わっています。テーブルで調理しなくともかすかであっても、できたての料理が音を持つこともあります。

このように、実は口に入れて味わってどんな味であるかを確かめる前からすでに味覚活動は始まっているわけですし、イマジネーションを働かせてどのような味であるかを食べる前に考えています。

期待通りなのか予想とは異なったものなのか。結局口に入ったところで、ひとこと「美味しい」と表現するしかないのです。美味しいものは美味しいだけ。美味しくない場合は酸っぱすぎるとか塩っ辛いとか予想に反した不都合さを表現できても美味しい場合は美味しいなのです。それは総合された五感がほどほどに満足していなくてはなりません。「美味しい」はすべての感覚の元締めと言えそうです。

美味しいものを食べていれば五感はレベルアップします。逆の場合は悲惨です。美味しくないものばかりを食べていると、感覚磨きができないということです。また、市販の商品の画一な味に慣れてしまうと味覚が麻痺し、センスが悪くなります。市販の商品は、美味しくするために、いろいろと複雑な化学的レベルの構成を味に施し、それでいて宿命であるいつも同じ味を提供するために、抜け道のない「美味しすぎる味」になってしまいます。

感覚磨きのためには、今や「美味しさ」を不器用な家庭料理の基本に戻すことが必要かもしれません。できれば新鮮な質の高い食材を求め、その食材の美味しさが発揮できるシンプルな調理がよいと言えます。自宅の冷蔵庫の食材は感覚を左右する宝物なのです。

冷蔵庫の中に入れるべきなのは、すぐ食べられる調理済みの市販品ではなく、購入した新鮮な食材を下ごしらえして保存ケースに入れたものです（食材ごとの下ごしらえの方法については三章で詳しくご説明します）。それらは、冷蔵庫の宝物なのです。

毎日の料理を簡単にするためには、食材を買ったまま冷蔵庫にしまうのではなく、処理をしてすぐ使える状態で保存します。食材が常備食品として処理されていれば、毎日の料理に悩むことなく時間も節約できます。

2

よい食材のやさしい味つけがよい人柄をつくります

プロの料理人といえども自宅に帰ると蒸しただけの野菜が食べたくなるそうです。四六時中美味しいことを追求しているので味覚が疲れるのでしょうか。家での料理は毎日繰り返すものですから、できるだけ素のままがよいということを物語っているように思えます。

味覚を豊かにしてセンスをよくするには、好き嫌いなく多くの食材を美味しく、つまり豊かな調理法で食することが望ましいわけです。

好き嫌いはなぜ起きるのでしょうか。美味しければ、好きになるチャンスは平等にあるはずです。ある食材が嫌いになるのは、ちょっとした不幸な出会い（美味しくなかった、見た目が食べる気にならない、体調を壊した）によるものと言えます。一度起きた不幸な出会いによってその食材は排除されます。嫌いなものを食べるように強制されるのは逆効果です。むしろその食材の最高の美味しさを引き出したものに出会って過去を忘れるしかありません。さもなければひとつや二つの嫌いなものを許容し、それらが含む栄養素はほかの美味しいもので補えばよいと楽観的に考えましょう。

子どもの味覚は汚れがなく美味しいものに敏感です。そしてわずかな味の違いも感じ取れます。年齢を重ねるとともに鈍感になってしまうのでしょう。「どちらが美味しいかこの子に聞くのがいちばん」などと子どもに美味しさを見つけ出させるご家庭もあります。大人より確かな味覚だということです。

一方子どもの好む味を優先しているつもりで、甘すぎたり、カレー味、スナック菓子の味の傾向になっている場合もあります。それはお弁当に冷凍加工食品を使っていたり、子どもが外でスナック菓子を食べていたりする場合です。

味覚はエスカレートします。美味しすぎるものに慣れた後では、ナチュラルな調理法によるほんの少しの甘みや素材の味を見分けることができなくなるだけでなく、美味しいと思わなくなるのです。刺激的な味、辛すぎたり酸っぱすぎたりするものが魅力になることもありますが、極端な味を知るとエスカレートした味覚が後戻りしにくくなります。

食べ物は、身体、つまり血液を酸性にしたりアルカリ性にしたりします。酸性になるとイライラして落ち着かなくなるとも言われています。

味の強烈さは性格を変えることさえあるでしょう。家庭での味はやはりナチュラルでやさしい味をベースにし、食生活で豊かな感性と人柄のよさを養いたいものです。私たちの味覚は毎日の食で容易く慣らされていきます。食生活は習慣性が強いからです。

豊富な食材をやさしい味つけに調理するのが家庭料理の決め手です。もし味覚をリセットする必要を感じたら、味つけしていない食材の元の味を知ることからスタートします。昆布やカツオのだしや野菜などのブイヨンを自分でつくって味わうのもよいでしょう。今までの美味しすぎるものの残り味を雑味と思えたらリセット成功です。

フレッシュなハーブは自宅で栽培できますが、スーパーマーケットで少量ずつ買うこともできます。ハーブによって食材の味を引き立て、深みを出し、アクセントをつけます。パセリ、バジルは万能、ローズマリー、セイジは肉料理に、ディルは魚料理に。

3

美味しい料理は美しいキッチンでつくられます

レストランが名店かどうかは、客席がよいインテリアかどうかより調理場が清潔でよく片付いているかが決め手のようです。調理場を見れば料理の美味しさがわかるそうです。調理場を見せてもらってからレストラン選びができるわけではありませんが、有名シェフのいる人気店は調理場ももれなく綺麗だそうです。

そうなると、我が家のキッチンを見直さなくてはならなくなります。狭いから、設備が悪いから美味しいものができないとか、よいキッチンに改装しても料理が美味しくなるわけではないとか。どちらも言い古された言い訳ですが、それは過去のお話です。

現代のキッチンは昔から比べたら、設備も広さもそこそこ満足すべき状態と言えるのです。それをどう使いこなすか、美しいキッチンとして完成させるかは使い手の力量です。

引き出しなどの収納のどこに何を入れるかを決めることだけでも、使い勝手も美しさも違ってきます。

理想は、料理が終わったときにキッチンに何も出ていない状態、調理器具などのすべてが片付いている状態です。もちろん食後の食器などの片付けは第二弾です。

調理が終わったときにキッチンに何も出ていない、ということは手際のよさ、段取りのよさを表しています。手際のよい調理は美味しい料理に直結しますから、キッチンの美しいご家庭は美味しい料理が提供されているわけです。

例外は、キッチンを汚さず美しく保つために、料理はすべて外から取り寄せるというケースです。この場合は「見せるキッチン」ですから、美味しい料理とは関係ないということです。

キッチンは二箇所あっても不思議ではありません。作業場としてのキッチンと、盛りつけ、配膳のキッチンの二箇所です。キッチンの美しさは当然食卓の美しさにつながります。美味しい料理をもっと見栄えよくするための盛りつけ、楽しい食卓にするための食器選びから並べ方まで、自然に気遣いが生まれます。美味しくつくったものを印象づけるために、料理を始める前からどの器に盛りつけるかはすでに考えて用意をしておきましょう。

盛りつけについて詳しくは五章をご覧ください。

また、キッチンを美しく整理されている状態に保っていれば、自分以外の家族もそこで料理をすることができます。疲れて何もつくる気にならないとき代わりに料理をしてもらうこともできますし、ときには一緒に料理をすることもできます。一緒に料理をすることで、家庭での食事への関心も高まりますし、コミュニケーションがうまれ、会話が弾みます。

とはいえ、キッチンの管理者として使い方や収納のルールをコントロールしておくことは必要です。キッチンのルールを家族で共有し、誰もが使える美しいキッチンにしておくことが理想です。

キッチンは常に清潔で片付いている状態が理想です。イラストは調理するキッチンと盛りつけるためのセカンドキッチンに分かれているものです。

4

調理のプロセスが感性を磨き、人を聡明にします

毎日の料理を義務のように考えているのは、実にもったいないことです。自分の時間がないと思いながら義務的に短時間で済まそうと焦るのではなく、調理には感性を磨くヒントがあると意識しましょう。調理時間を自分の感性を磨く時間と考えることができれば、なんと幸せな自分の時間なのかと感じ、その満足な気分から素晴らしい料理ができます。

調理は、表向きはみんなのために美味しいものをつくろうという奉仕の作業に見えます。なぜなら食べてくれる人がいないときには、とかくおざなりな料理になりがちだからです。自分磨きもしなくなるのかもしれません。ひとりで自分のためにつくる場合は自分のためではなく料理に対する探求心でつくるのがよいでしょう。

料理のプロセスでは、それぞれの食材がどんな特性や役目を持っているかなど、多くの

原理や原則を見つけ出すことができます。その発見はほかのことにも役立ちます。

調理ではまず注意力が磨かれます。仕上がりの不出来や失敗の多くは不注意から起きます。注意力は仕事にも生活行為のすべてに重要なものですが、注意力なくして料理はできません。これが、聡明な女性は料理が上手という所以《ゆえん》です。


注意力は、まず食材を切るときに必要です。次の加熱などをより容易く均一にするために大きさをそろえ、食べやすい大きさに仕上がるようにでき上がりを想像しながら丁寧に切ります。盛りつけのときにバランスのよい大きさと見栄えのある形にすることを意識しながら切るだけでもセンスアップです。切る方向は繊維を残して歯ごたえのあるようにするか、加熱でより柔らかくしたいかで決めます。繊維方向に水分が通りやすくすれば柔らかになります（切り方については91〜93ページに詳しく載せました）。

もちろん包丁使いは慎重に目を離すことなく注意します。包丁は使った後すぐに次使うとしても洗って片付けます。出しっ放しは手元の邪魔になりそれが事故の元なのです。

加熱は調理の決め手です。火をつけたら決してその場を離れないことです。火加減は一辺倒ではなく加熱状態に合わせて調整します。調理中はその調理のプロセスを思い描いてシミュレーションしながら、今食材がどの状態かを想像してまたは食べてみて（やけどに注意です）串を刺してみて、と目が離せません。

誰でも一度や二度焦がしたり、タイミングを損なって残念に思うことがあるものです。その回数は注意力のなさに比例します。そして集中力が決め手になっていることを自覚できます。ほかのことを考えたり、先を急いでその状態に集中していないとしくじります。集中して様子を見ていることが大事なのです。

味つけは、センスを極めるクリエイティブな仕事です。美味しさを決める最終段階です。これに成功すれば喜びはひとしおです。盛りつけたり配膳したりするテーブルセッティングまで考えたくなるのは料理のでき栄えがよいとなおさら、アーティストとしての自信がみなぎるからです。調理がシミュレーションできれば、でき上がった料理写真や材料の取り合わせからでも美味しさが想像できるようになります。料理で感性は磨けるのです。

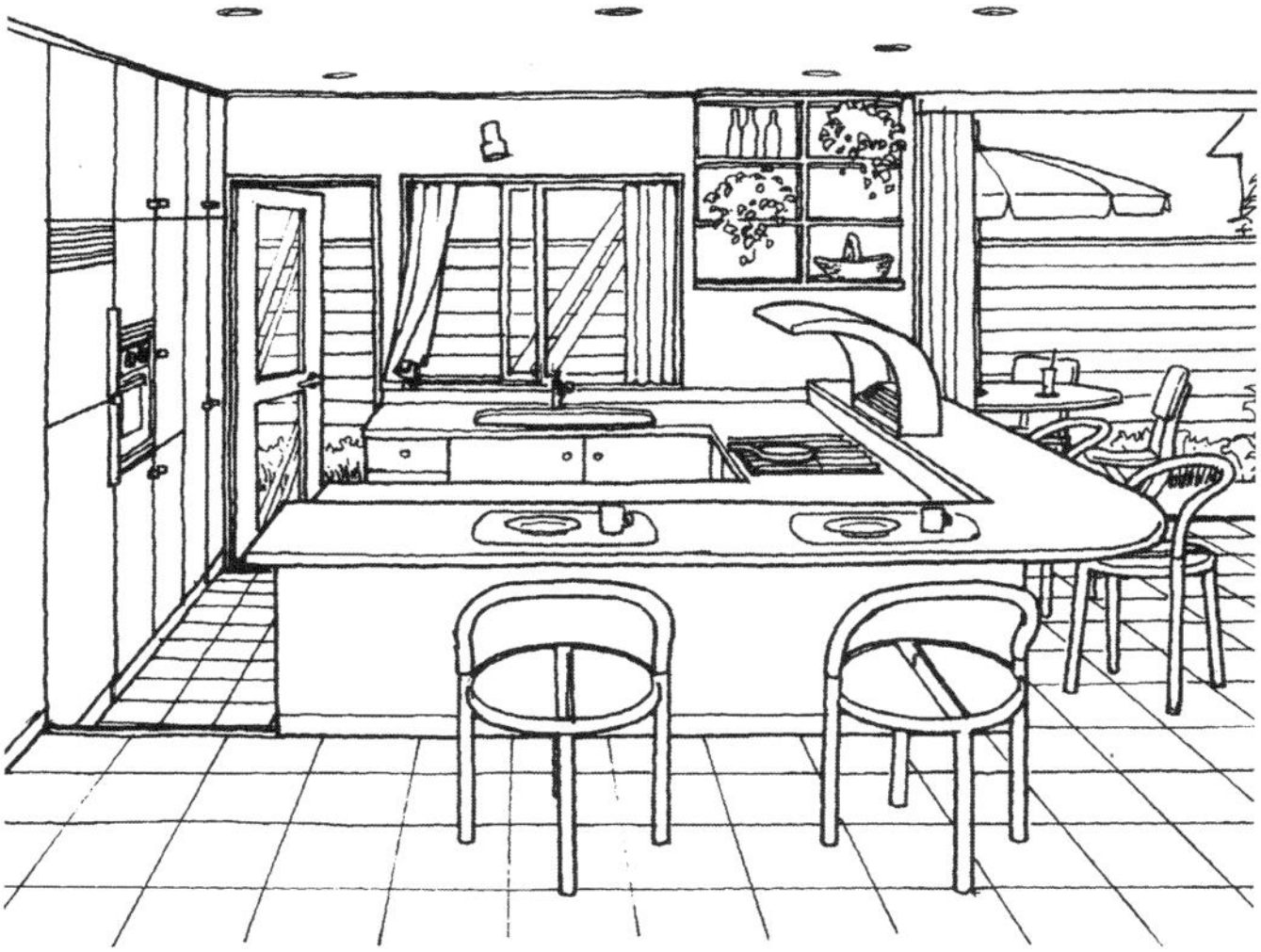

ダイニングカウンターつきのキッチンでは、できたてをすぐに提供でき、料理をしながらコミュニケーションすることができます。お料理自慢の方のキッチンと言えるでしょう。

5 季節を感じ取ることで心も身体も整います

我々日本人は、自然に育まれ自然とともにあり自然を師とすることで幸せを感じ、生きている満足感を味わっています。食材も季節のもの、旬のものを喜びます。

特に、多くの野菜の種類の中で、これを食べているということは春が来たのだとか、夏ならではの醍醐味だとか、冬はやっぱり鍋料理だわとか思うのは、海外の国より圧倒的に豊富です。だからこれほどまでに美味しいことに貪欲で、世界に旨味を知らしめたわけでもあります。さらに海外の料理も日本人らしく極め、美味しい料理の種類が増えています。季節感を大切にしていればこそ、感性は養われるのです。

季節を先取りして旬の走りのものをありがたがるのはこれも季節感のひとつですが、それが行きすぎると、いつでも何でもそろえられるような商品構成が欲しくなります。出盛り、旬の時期には美味しくお安いのに、なぜそうでない時期に食べようとしてしまうのでしょう。それは外での食事が多くなって、レストランなどではいつでも同じものがあるからそれが普通に感じる習慣がついているからです。食材を買って家で料理しようと思っていれば、季節によって食材の種類や安くなっている時期があることがわかります。

季節を身体で感じることは、感覚的な正常さだけではなく、身体的な正常さをコントロールすることにもつながります。人は誰も季節による気象の変化に伴って、体調を整えなくてはなりません。季節が狂ったり、季節の初めに急に気候が変わったりすると、身体がついていけなくて不調になります。それを整えてくれるのが旬の食べ物なのです。

春には苦味のある野菜が出回ります。冬にためこんだ老廃物をデトックスする役目をしてくれます。夏には暑さで食欲がなくなるので、酸味で食欲を増進させたり、熱くなった体内を冷やしてくれたりする食材が必要なのです。秋には少し辛みのある味つけで刺激を与え、旨味のあるキノコや木の実で寒くなる冬の前の蓄えをします。馬肥ゆる秋でなくてはなりません。冬には風邪をひかないように、塩味や甘みを加えた味つけで根菜類を食べるのが、体を冷やさないためにはよいのです。

野菜が身体に必要だからといって、レストランで少しだけついてくるようなレタスやきゅうり、トマトの生野菜を食べればよいわけではありません。季節感を感じるようになれば、身体が旬の食材を欲しくなってきます。身体が教えてくれるのです。

第1章

一週間の
メニューを
考えましょう

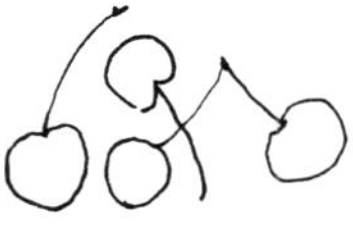

一週間の食事に思いを馳せます

最初に大事なのは、季節に合わせた一週間のメニューを決めることです。一週間のメニューが決まっていることで、次のような効果があります。

❶メニューが決まっていると、買い物にロスがない

何をつくろうかを考えながらでは買い物にも時間がかかり、特に空腹時の食品の買い物は、余分なものを買ってしまう傾向があります。メニューがおおよそ決まっていれば一週間分の買い物を、手早く済ませることもできます。

❷一週間トータルで身体によい、栄養価の偏らないメニューになる

季節感を基本に、健康で栄養のバランスのよい内容を前もって考えることができます。メニューづくりの段階で調理法もシミュレーションします。

❸食生活の計画を習慣づけることができる

メニューは手軽に美味しくできるものや繰り返しても飽きない定番ものをベースにしておきましょう。料理好きでお料理自慢の方を除き、行き当たりばったりの思いつきのメニューでは改良もセンスアップも達成できません。

家族の好みやつくる人が得意なことも加えて考えれば、基本メニューはそのご家庭オリジナルと言えるものに仕上がります。いろいろな事情で結局その日のメニューを考え直すしかない場合もありますが、計画を立てることで、食を考える時間が持てます。

❹身体によい旬の食材を購入できる

まず食材ありきです。身体によい旬の食材を取り合わせて常備します。その食材で美味しいものをつくることを考えます。初めに料理名ありき、ではありません。

1 身体によく手軽で美味しいメニューにしましょう

和食の基本のひとつに一汁三菜という組合せがあります。「汁物、ご飯、お漬け物、煮物もしくは焼き魚など」の簡素な取り合わせです。今日的には、御味御汁（スープ）、ご飯・パン（主食）、メイン（主菜）、サラダ、オードブル、箸休め（副菜）などでしょう。ワインやビールが伴う場合には、汁物はないこともあります。そのほか、ご飯など主食以外に三品くらいの主菜と副菜、または料理自慢の七品などがあるようです。

さて適切なメニューのポイントは、①身体によく、②手軽で、③美味しいという満足をおさえましょう。主菜は肉や魚などのタンパク質源を選びます。副菜はそれに何を加えれば栄養バランスがよくなり、飽きずに繰り返すことができるかを考えます。副菜の数は好みです。決して一汁三菜とか副菜の数を競う必要もありません。副菜はときに多く、ときに少なくとも、栄養バランスのよさとそのときの都合でよいのです。

お酒類を飲まないときにはスープや汁物を欲しくなりますが、これは好みとも言えます。ご飯などの主食（炭水化物）は主菜と副菜のストーリーを盛り上げるもので、合わない組み合わせもあります。ご飯と限らず、パンでもパスタでも麺類でも、主菜、副菜とのよいコンビネーションを考えて選びます。


では、39ページで一週間のメニューの少し極端な具体的例を見ましょう。ステーキ、お刺身、うなぎの繰り返しで、日曜を菜食にしてあります。

高齢者のお刺身好きは昔から誰もが知るところです。高タンパクで料理しないで済むこと、美味しいこと、これが理由です。長く生きてきたことの智恵とも言えます。

この例は参考にならないと感じてそれを否定することから、我が家の最善メニューを見つけやすくなります。いろいろな否定や都合を入れることによって、独自のメニュー組み立てを考えてください。否定と都合を大切にすることによって、日本人が誰でも知っている料理の数の多さに圧倒されることなく、前へ進むことができます。料理が下手と思い込んだり面倒だと避けたくなったりするのをメニューづくりで楽なよい習慣に変えましょう。

一日に三食なのか二食なのかは家庭によってそれぞれですが、このほかに野菜、果物などを中心にした朝食やランチも考えておく必要はあります。それらは季節によって食材を変えるだけで一定のパターンでよいのです（朝食メニュー例は１４２ページをご参照ください）。

最近では朝食の主食はパンで定着しているご家庭が増えています。一方、絶対に和食の朝ご飯でなくてはというご家庭もあります。

メニューづくりは主菜をお肉にするかお魚にするか、それに副菜の野菜をどのように美味しく補うかということに尽きます。

メニューを考えるときのポイントは、料理名を先に頭に浮かべないことです。繰り返しになりますが、食材ありき、です。主菜、副菜に使われる食材、そして主食の種類は、物語を組み立てるつもりで考えるのがよいでしょう。

[1週間のメニュー例]

❶主菜（タンパク質源）を決める

月曜日　ビーフステーキ
火曜日　お刺身
水曜日　うなぎ
木曜日　ビーフステーキ
金曜日　お刺身
土曜日　うなぎ
日曜日　菜食

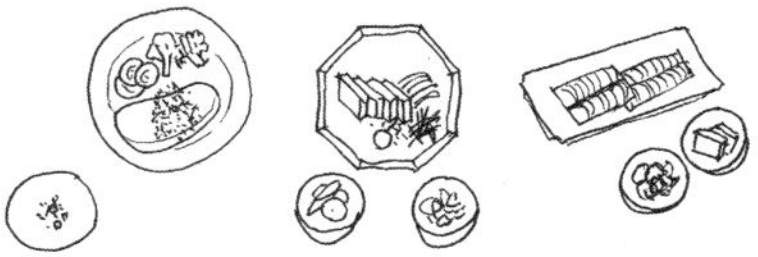

❷バリエーションと副菜（つけあわせ）を考える

●ビーフステーキ

シャリアピンステーキ（つくり方は134ページ参照）やサイコロステーキ（お箸でいただく和風味のステーキ）に。

つけあわせは、クレソン、インゲン豆、ブロッコリー、ニンジンなどの温野菜、キノコ類ソテー、マッシュポテトなど。サイコロステーキは、つけあわせも和風に。

●お刺身

ヒラメ、真鯛、マアジ、しまあじ、しめさば、マグロ、カツオ、まながつお、カンパチ、ブリ、イカ、たこ、アワビの酒蒸し、カニ、エビ、サーモン、しらす丼、赤身のマグロの漬け丼、牡蠣のオリーブオイル炒めなど。

つけあわせは、大根サラダ、焼き海苔、海藻のサラダ、だし巻き卵、きゅうりの酢の物、煮しめ、山かけなど。

●うなぎ

白焼き、かば焼き、うざく、う巻き、肝焼き、ひつまぶし、鰻茶漬けなど。

つけあわせは、酢の物、奈良漬け、吸い物、海藻の酢の物、茶碗蒸し、焼きナス、ミョウガサラダ、紅生姜、わさび漬け、ぬか漬け、たこ酢、冷や奴、もずく、じゃこ山椒など。

●菜食

季節の野菜。冬は鍋、夏はお素麺などの具材、春や秋は野菜の炊き込みご飯、野菜のたくさん入った汁物（つけあわせにも、ウイークデーにも）。

2 シンプルな食材に適切な手間をかけるのがよいメニューです

一年には四つの季節があります。つまり春夏秋冬それぞれ三ヶ月一二週ですが、これは現代の気候の異常さからすると正確ではありません。特に夏は四ヶ月近いと言えます。年によっては秋と春が短いこともあります。

同じメニューを繰り返すのはマンネリな気分になりそうですが、ご紹介した極端なメニュー例のように内容にバリエーションをつけ、季節で副菜を変え、美味しければマンネリとは感じないのです。

毎日の食生活にどのくらいの予算を考えるかが重要です。身体にとって最も重要な食です。栄養の足りない予算取りでは困りますが、無駄に高価なものや流行に動かされたものを購入し、予算が足りないと思っているのも間違いです。

美味しい料理とは、高級ブランドの高価な加工食品ではなく、シンプルな食材に適切な手間をかけてつくる料理のことです。手間を省くためにだといって加工品を買うことは予算を無駄にしています。ほとんどの食品ロスの問題は一般家庭が捨てる食品の多さなのです。賞味期限内に使い切れないためです。現代は生ゴミ食品ゴミの少ないことこそが、ステータスと言えるのではないでしょうか。

では、実際に一週間のメニュー表を考えてみましょう。

次ページの表の中にまずお肉類、お魚類のタンパク質源を主とした得意料理、予算に合った料理を割り振ってください。それに含まれない野菜類やそのほかの栄養素となるものを、副菜として考えてください。今までのお得意料理やつくりたいもの食べたいものを入れてみてもよいでしょう。二パターンくらい考えてみましょう。

［1 週間のメニュー①］

月曜日	主菜：
	副菜：
火曜日	主菜：
	副菜：
水曜日	主菜：
	副菜：
木曜日	主菜：
	副菜：
金曜日	主菜：
	副菜：
土曜日	主菜：
	副菜：
日曜日	主菜：
	副菜：

[1週間のメニュー②]

月曜日	主菜：	
	副菜：	
火曜日	主菜：	
	副菜：	
水曜日	主菜：	
	副菜：	
木曜日	主菜：	
	副菜：	
金曜日	主菜：	
	副菜：	
土曜日	主菜：	
	副菜：	
日曜日	主菜：	
	副菜：	

3

旬の食材を加えてメニューの変化を楽しみましょう

旬の食材を使うことで十分に楽しいメニューの変化を出すことができます。同じ主食の炊き込みご飯であっても、春の豆ご飯（グリーンピース）、秋のキノコご飯や五目ご飯など、そのときどきの旬の食材を加えればまったくの別物です。基本形のメニューに季節を加えることで大いに変化がつきます。

旬の食材とそれを使った定番料理の味つけは、その季節の身体に有効な栄養価なのです。季節のものを食べることだけでも身体は活性化します。

海外からたくさんの食材が入ってきており、いつでも何でもある状態ですが、夏には南方のものを冬には北方のものを、というように産地の気候を日本の四季に合わせ、身体が必要としている季節のものとするのが基本です。厳密にする必要はありませんが、いつでもあるからいつでも使うことが普通ではないということです。

旬の食材（60～61ページにリストを載せました）はお値段も安く、元気がよく、味も濃く、栄養価も高いのです。特に野菜は価格と豊富さ元気さを見ればわかります。

たとえば春野菜には苦みがあり身体のデトックスになります。苦みは天ぷらなどにするとまろやかになり、美味しく感じます。冬の身体をリセットできます。夏の葉物野菜や色の強い野菜は元気のもとです。秋は冬に備えてキノコや木の実、豆類を主として食べます。冬は防寒のために身体を温めるものが必要です。根菜類をしっかりとります。

4

特別な日のメニューも考えておきます

メニューの中にたまには特別なものを折り込みます。簡単に言えば冬は鍋物です。寒い日には誰でも食べたくなります。ご家庭で鍋の定番を決めておきましょう。たとえば、水炊き、寄せ鍋、すき焼き、おでん、牡蠣鍋、みぞれ鍋、ねぎま鍋など好き好きに選びます。

日曜日の特別メニューというのもよいでしょう。月曜から土曜の六日間に楽しまなかったメニューや今日はぜひ食べたいものなどを食べます。

一週間調理を担当した人が日曜くらいは休みたいという願望もあります。ファミリーレストランや手軽なチェーンのお店が土日に混むのはそんな願望の人が多いからでしょう。混んだところに並ぶよりは自宅で楽しめる方法を考えます。たとえば普段は料理しない家族が自慢料理をつくったり、料理を家族に教えたりすると、エンターテインメントとしても楽しめます。

家族誰でもできるもの、みんなでつくるもの、後片付けが簡単なものと言えばカレーです。豆カレー、ドライカレー、カツカレー、カレーうどんなど、バリエーションをつけて楽しみましょう。カレーは奥深い家庭料理です。

家族の誕生日や来客のときの特別メニューも決めておきます。特別メニューは簡単でも好評なものこそが喜ばれます。

日頃は予算によってカットされている食材を取り入れてもよいでしょう。基本はいつも使っている身体によい要素の食材の質を高く吟味するのが妥当ですが、高級レストランで使うような食材や毎日のルーティーンからは外しておくべきような高価な食材も特別メニューでは使ってもよいとします。それでも混んでいる人気店に並んだり、予約して最上級の高級店に行くよりは安上がりです。

特別なときのメニューはあくまで家庭での日常食をベースにした考えです。家庭の行事のあり方はそれぞれの立場やそのときどきで違います。ただ特別なときのすべてを外食、外での食事だけをイメージするのは生活を丁寧に楽しむ範囲を狭めています。特別な食を自宅で催すことで住まいのインテリアもホームウエアにも違いが出てきます。

特別なときのメニューは、たとえばお寿司（ちらし寿司、海苔巻き、手巻き寿司など）、鯛の塩焼きやお赤飯、お刺身、スキヤキ、ローストビーフ、ステーキ、ウインナーシュニッツツエルなども喜ばれます。

イギリスにはサンデーローストという伝統的な食事があります。クリスマスよりはやや質素ですが、日曜日のお肉料理は生活習慣となっています。お肉はオーブンに入れておくだけでできますし、サイドディッシュはポテト、温野菜などです。グレービーソースなどを添えて、来客をもてなします。

第2章

すべては
買い物から始まります

必要のないもの、加工された食品は買わないようにします

食品の買い物は消費願望を満たす手段としてとても手軽で有効ですが、つい不要なものまで買ってしまうという欠点も持っているのでかなりコントロールが必要です。自己規制するためにも、メニューに合わせた買い物リストに従います。買い物をしながら今日何にするかを考えるのが楽しいという方も、決まらないときには無駄な買い物をしそうです。

スーパーマーケットに行けば、ときとしてでき上がっているお総菜に誘惑されることもあるかもしれません。家庭料理の原則を思い起こしましょう。身体によいこと。簡単で手軽にできる。美味しいこと。加工された食品は美味しすぎます。これは手軽でも美味しく

ても極力避けましょう。

料理をつくるというのは原則的に生の素材を自分で加工することです。スープのキューブをお湯で溶かしてそこに加工された具材を入れて、つまりお湯で戻すだけのものは材料が分かれていてもインスタントな加工食品です。乾麺や乾物なども最近は美味しいスープや汁がついているものがあります。ゆでたり、お水で戻す必要のないものも増えています。麺は手打ちでなくともソースや汁の味つけは自分ですることが基本です。

1

食材選びは真剣勝負、食材を自分で認定します

現代はいろいろな手段で食材を求めることができます。それぞれの条件にもよりますが、少なくとも、近くのコンビニエンスストアやスーパーマーケットですべてそろえるのはやめましょう。

自分が食べてみて納得した食材を「認定」します。生鮮食品は同じ店ばかりにせず、安心できそうなところを二、三店見つけておきましょう。乾物や缶瓶詰めのもの、輸入食品、調味料などは、認定して銘柄をまず決めます（65ページにおすすめの調味料を載せましたので参考にしてください）。

購入は、価格を比べて安い店、出かけた帰りに通る店、また送料はかかりますが直接の注文や通販、ネットでの注文などです。

身体によい料理をつくるにはまず食材選びが重要です。買うべき食材の決め方選び方は、メニューにもとづいて主菜になるべきタンパク質源、副菜になるべき野菜をはじめとした栄養価の高い旬の食材、定番としてストックしておきたい食材を補給します。

食材の種類それぞれに選択基準をつくっておきます。予算を考慮しながら、多少高くても買うべき食材、安いものを買っても安心な食材、といった基準です。

値段より品質第一とする場合も、何はどこが安いなどの情報は無視しません。料理好きの友人情報も大切です。料理メニューよりも食材情報を重視して聞きましょう。

肉・魚・その他

ザワークラウト
豆腐
ピクルス
湯葉

缶詰

ツナ缶
カニ缶
ホタテ缶
イワシ缶
ホールトマト缶
トマトジュース缶
オリーブ缶

調味料

塩
醤油
黒砂糖・甜菜糖・きび砂糖
ハチミツ・メープルシロップ
グラニュー糖
オリーブオイル
ゴマ油
天ぷら油
酢
バルサミコ
ワインビネガー
みりん
味噌
梅干し
練りゴマ
いりゴマ
バター
ココナッツオイル

その他のスパイス類

アンチョビペースト
ガーリック
ローリエ
ケッパー

その他のスパイス類

わさび・辛子・マスタード
こしょう・カレー粉
マヨネーズ
山椒・唐辛子・七味
シナモン

乾物・その他

かんぴょう
干しシイタケ
カツオ節・煮干し
昆布・ひじき
キクラゲ
松の実
葛・車麸
寒天・ゼラチン
片栗粉・白玉粉
そば・その他乾麺
薄力粉
パン粉
クルミ
アーモンドプードル
きなこ
そば粉
青のり
焼きのり
米
小豆・インゲン豆
大豆・黒豆・ひよこ豆
ピーナッツ
レーズン
プルーン
パン
パスタ
ココア
抹茶
コーヒー
紅茶

［食材リスト］

野菜
タマネギ
長ネギ
ニンジン
ゴボウ
蓮根
大根
山イモ
ジャガイモ
カボチャ
ブロッコリー
アスパラガス
芽キャベツ
カリフラワー
シイタケ
エリンギ
シメジ・エノキ
マイタケ
エンドウ豆
枝豆・ソラ豆
タケノコ
ピーマン
パプリカ
トマト
白菜
ナス
キャベツ
春菊・小松菜
ほうれん草
セロリ
ルッコラ
クレソン
きゅうり
ビーツ

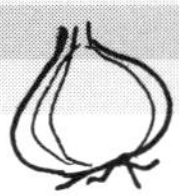

野菜
生姜
ミョウガ
パセリ・バジル
ガーリック
銀杏
リンゴ
バナナ
ブルーベリー
レモン
アボカド

肉・魚・その他
牛肉
豚肉
鶏肉・羊肉
卵
ベーコン・パンチェッタ
ソーセージ
ハム
チーズ
バター
ヨーグルト
牛乳
エビ
ホタテ
サケ切り身
カジキマグロ
桜エビ
しらす・小女子
もずく
ワカメ・海草
昆布
油揚げ
こんにゃく

2 旬の食材を意識して買い求めましょう

買い物をするときは、旬の食材を意識することが重要です。

特に野菜は旬の食材だけを使って調理することで、身体によい、簡単で手軽な美味しさに満足できるはずです。

生野菜をたくさん食べたいと思っても旬ではなく元気のないもの、したがって栄養価の低いものを食べても、効果は低いと言えます。葉物などの生野菜が元気を与えてくれるのは春から夏のことです。旬の食材を知っていることが必要です。

また、それをどのように調理して食べるのが美味しいのかを知り、決めておきます。旬の食材といえども、処理しにくいとか料理しても気に入らないこともあります。旬の食材になじむことと、それを使いこなして美味しくする技と両方身につける必要があります。

「サラダといえばレタスとトマトときゅうり」ばかりでは、サラダ嫌いになりそうです。トマトときゅうりは美味しさがミスマッチなのです。

サラダのバリエーションを考えてみましょう。

○ひよこ豆のサラダ

ひよこ豆または大豆をゆで、ゆで卵、みじん切りタマネギ、ツナ缶、パセリ、塩こしょうマヨネーズであえます。

＊豆サラダは水煮の豆を使うのが手早くできます。豆の水煮のパックは常備品目です。

＊春から夏にはゆでた枝豆、ソラ豆が美味しいですがこちらはサラダにしなくてもそのままで十分美味しいでしょう。

○タマネギとトマトのサラダ

トマトをスライスしてその上にみじん切りのタマネギをのせる。花カツオ、酢、レモン、醤油、ゴマ油、唐辛子を適量かけます。

○夏のポテトサラダ

ジャガイモを蒸し、ロースハム細切り、ゆで卵、ニンジン、タマネギ、きゅうり輪切り、アボカドを用意します。塩こしょう、マスタード、マヨネーズ、パルメジャーノレッジャーノであえます。

○冬のポテトサラダ

蒸したてのジャガイモと薄くスライスしたタマネギをマヨネーズであえ、パセリを散らします。温かいポテトサラダです。

○和風大根サラダ

大根を細切りにし、ちりめんじゃこを電子レンジでぱりっとさせます。青じそ細切り、白ゴマ、花カツオ、三杯酢、ゴマ油を適量かけます。

○オイルを使わない水サラダ

きゅうり、セロリ、タマネギ、ニンジン、グリーンピース、ハムなどを小さく切り、水、ハチミツ、レモン、塩こしょうで味を調えます。

○きゅうりのヨーグルトサラダ

ヨーグルトは一時間水切りし、きゅうりを輪切りにして混ぜます。オリーブオイル、ワインビネガー、ガーリックであえ、塩こしょうし、きゅうりの輪切りを上にも飾ります。

○きゅうりの和風サラダ（きゅうりもみ）

きゅうりを輪切りにして塩をまぶしてもみ、乾燥ワカメは水に戻して洗って切ります。ちりめんじゃこ、ハチミツ、酢、醤油、白すりゴマであえます。

秋
栗
銀杏
菊葉
菊花
サツマイモ
松茸
キノコ（シイタケ、シメジ、マイタケその他）
スダチ
ユズ
百合根
クワイ
ブドウ
ナシ
柿
サバ
サンマ
イワシ

冬
蕪
蓮根
エビイモ
白菜
芽キャベツ
春菊・ホウレン草
水菜・小松菜
カリフラワー
ネギ
大根
ミカン
リンゴ
ブリ
タラ
マグロ
タイ
ヒラメ
牡蠣
カニ

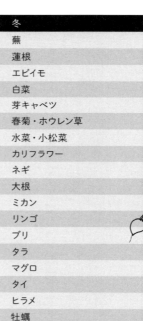

［旬の食材リスト］

春
菜の花・三つ葉
アスパラガス
クレソン
エンドウ豆
木の芽
ウド
ヨモギ
ワラビ
ゼンマイ
フキ
タケノコ
タラの芽
フキノトウ
絹サヤ
新ゴボウ
新ジャガ
新タマネギ
新キャベツ
イチゴ
ブルーベリー
マグロ
カツオ
イサキ
ハマグリ・アサリ
鰆
サヨリ・キス
タイ
ホタルイカ

夏
きゅうり
トマト
ソラ豆・枝豆
インゲン豆
ミョウガ
青唐辛子
サヤインゲン・モロッコインゲン
ズッキーニ
オクラ
シソ
花山椒
トウガン
ナス
白瓜
カボチャ
トウモロコシ
サクランボ
スイカ
イチジク
モモ
アジ
アナゴ
うなぎ
ハモ

3 買い物の目安は一週間に一度です

買い物は一週間に一度が目安です。

考えてあるメニューに必要なもの、不足している食材だけを買います。それが一週間に一度の買い物の役割です。始めるときには、誰かが必要と言っている食材を鵜呑みにする気にはなれません。メニューを決めていればそれを決めたことで、必要食材に納得できます。一週間に一度の買い物で済ませるために、メニューをつくるという計画性のある習慣が始まるのです。

その折々の一週間分はリストに合わせて週一回買い物をします。その繰り返しの間にメニューに関係なく必要な食材、たとえば牛乳、卵、ヨーグルト（自家製なら牛乳）などから始まって、我が家で常に必要な食材が決まってきます。メニューを変更する場合も、用意してある食材の中から取り合わせよくつくることができます。買った食材を食べ尽くすことが必要です。

食材は買ったときに処理すれば、買いすぎて余ったものをどう使い回すか悩む必要はありません。処理しておくことで、無駄とロスをなくしましょう。

お肉やお魚は二週間分くらい冷凍することが可能です。野菜は新鮮さに関わりなく処理しておけるもの（キノコ類）や、一週間もたせるために処理しておく葉物野菜を、蒸して冷蔵したり、ムースにしておいて使い回します。生のままの保存が必要なものは新鮮さを保つようにするか、追加でそれだけを買い足すかを考えておきます。食品の保存方法について、詳しくは三章でご説明します。

メニューは我が家に常に用意しておく食材の一週間分を決めるための手がかりなのです。

4 調味料などは一ヶ月くらいで補充します

調味料類、乾物類、粉類、だし素材、乾麺などはどの料理にも必要で、そのメニューだけで使い切るものではないので、十分にストックしておきます。

価格のお徳な大きな瓶を選びたくなりますが、収納にボトルが収まる大きさにするように注意します。分量は使う頻度、保存方法などを考えて総合的に判断しましょう。特に夏の高温での変化を考えるとおよそ一、二ヶ月くらいを目安に買うローテーションがいいかもしれません。

○ストックしておくと便利なもの

醤油、味噌、塩、砂糖、酢、酒、みりん、ゴマ、バター、ゴマ油、オリーブオイルなどオイル類。うどん、そば、パスタなどの乾麺。小麦粉、そば粉、片栗粉、白玉粉、セモリナ粉（デュラム小麦）など粉類。そのほか乾燥した豆、水煮の豆パック、トマト缶、トマトペースト、ケチャップ、かんぴょう、干しシイタケ、ハチミツ、メイプルシロップ、アーモンドプードル、ココアパウダー、ココナッツバター、お麩、カツオ節、昆布

＊マヨネーズは少量ずつつくるのがベストです（つくり方は101ページに載せました）。

○おすすめの調味料

京都まるさわの醤油、飯尾醸造の富士酢、流山かごや商店のみりん、関根のゴマ油、イル・レッチェートもしくはフレスコバルディ・ラウデミオのエキストラバージンオリーブオイル、ボルディイエの発酵バター、祇園むら田のいりゴマ

5 緊急時に備えてストックしておくべきものもあります

買い物が規則正しくできなかったり、予定外の事態になったりしても、慌てなくてもよい方法を考えておきます。メニューに合わせて買うものではなく、それがあると何らかの料理が可能になる手軽な食材です。

それは同時に災害のときの一時的な助けになるものです。非常用食品を買って用意しておくことは現代には必要と言われていますが、賞味期限があったり専用の収納場所が必要だったりします。非常食といえども、基本は日常生活で比較的頻繁に使いながら補給しておけばよいものにします。

日頃からサバイバルの方法やデトックスの基本を知っていれば、自分なりの緊急の助けになるものがストックできます。

○水

水道水から浄水して使っている場合は無駄にペットボトルを消費しませんが緊急時に困ります。常に二～四リットルくらいの浄化したお水のストックが必要です。

水道水を浄水してボトルに詰めている場合、冷蔵庫で二週間、常温で三日ほどが取り替えの目安です。ペットボトルを購入しておくほうが、長持ちします。

○美味しくて日持ちのするもの

すぐ食べることができるといえども美味しくないものを無理に食べても身体によいわけではありません。ライフラインが損なわれたときに、また買い物が困難なときに役立ち、日常的にも使えるものをよく検討しながら増やしておきます。

たとえば、缶詰類や乾物は日持ちがよく、日常的にも使えます。

缶詰類　ツナ缶、いわしのオイル漬け缶、鮭缶、ホタテ缶、トマト缶、トマトペースト瓶

乾物　車麩、煮干し、乾燥エビ、じゃこ、梅干し、らっきょ、

ナッツ類（ピーナッツ、クルミ、アーモンドなど）

パック類　ゆで豆のパック、お餅、ご飯のパック

第3章

コツは、買ってきたらすぐに処理して保存すること

買ってきた食材を「うちの子」にしましょう

毎日買い物をして、そのときにすべて料理して食べてしまい、「スーパーや食品店の食材は我が家の冷蔵庫」と考える方法もありますが、それを突き詰めていくと食材ではなくでき上がっている総菜を買えば時間も短縮でき、光熱費も不要、余った食材にも困らない、実に経済的かつ手間いらずということになってしまいます。

一週間に一度の買い物で済ませるには、食材は購入した日にすぐに処理することを習慣にします。購入した食材を無駄にしないため、そして毎日の調理の時間を短くするという手軽さを生み出すために、食材をゆでたり蒸したりしておけば、すぐ使えて便利です。

さらに、そのひと手間の処理で栄養価が高くなり美味しくなる食材もあります。

適切に処理して「うちの子」にしてから冷蔵庫に入れる習慣をつけましょう。余っても次に使えるので捨てることはなく、冷蔵庫に残った食材処分の料理を考える必要もありません。買った日にすぐに処理しておくことが重要ですから、処理できる時間がある日を買い物の日に設定すべきなのです。

1 そのまま保存する方法

冷蔵のままにしておきたい野菜などは必ず野菜庫に、畑で植えられていた状態を保ちます。生えていた方向に置くことです。

洗ってある野菜でもその生命力を止めることはできません。根菜でも葉が出たり、根が生えてきたりします。野菜庫に一時入れておくだけでも成長を止めないと、その野菜の栄養価は失われていくのです。そのままでは鮮度だけではなく、栄養価もなくなります。

では使う分だけ少なく買う、という考えもありますが、野菜は水分を多く含む食材です。食品をみずみずしく見せるためや、すぐ使える材料にするためには、お店に並ぶまでにお水が使われているはずです。自宅で浄水器やミネラルウオーターを使っていても、その前に野菜がたっぷり吸い込んでいるお水は何？　疑問を持てば切りがありません。

買っただけでは安心して使えません。できるだけ早く自分で処理して、食材を躾《しつ》ける必要があります。「うちの子」にしてしまえば安心です。買い物してすぐに処理できない場合でも少しの時間を使って、こまめに処理します。

お肉は、できれば塊を買ったほうが長持ちします。挽肉などは傷みやすいので買った日に食べます。傷みやすいのは鶏肉、豚肉、牛肉の順です。空気に触れると酸化しますからラップしてさらにジッパーのついた保存パックに入れます。

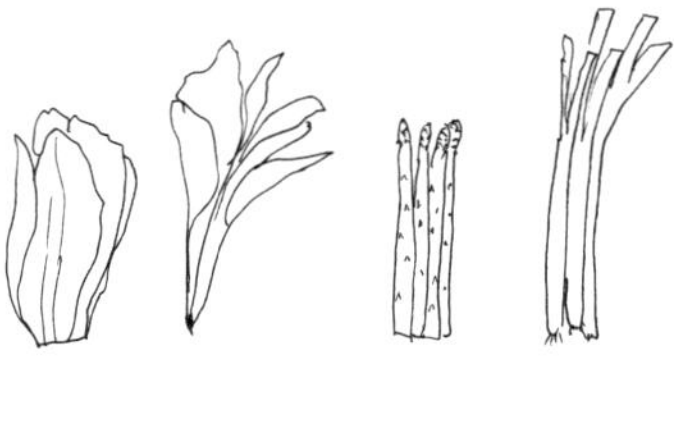

2

下処理をする方法

使う分の下処理だけではなく、また残りをそのまま冷蔵保存するのではなく、買った食材のすべて、またはほとんどを使いやすく処理することを基本の習慣にしましょう。

洗う

よい水で洗い流します。泥などなくとも葉物はよく洗います。できれば水分の入れ替えをしたいくらいです。

洗わない

○キノコ類

洗わず、埃を払って使う大きさに、できれば手で裂くかその種類に応じた使いやすい大きさにして、日に干しそして冷凍します。冷凍のまま使います。秋から冬の乾燥している時期は干しやすいですが、干せなくとも冷凍すれば買ってきてすぐ使うより美味しく栄養価も増します。

○ジャガイモ

使うときまで洗わずに、芽が出ないように乾燥しないように冷蔵庫で保存します。

○サトイモ

洗わず常温保存、皮を剥く場合は六方剥きが基本です。よい形で炊き合わせなどにしたいときです。煮っ転がしや汁物に入れるときは皮のまま蒸すと、つるんと皮が取れます。

蒸す

○ジャガイモ、サツマイモ、ニンジン、ゴボウ、蓮根、大根、蕪など根菜類、ブロッコリー、タマネギ、カボチャなど

皮のままよく洗って、低温で蒸し、冷蔵もしくは冷凍します。

◯冬の葉物野菜、白菜、キャベツ

高温で短時間蒸しておけば黄色く変色させず使い切ることができます。切ってそのまま冷凍するのはかさばるので、当日使わない分は蒸しておくことです。鍋料理で余った野菜をどうするかという問題も解決です。

◯ネギ

ネギなどは薬味として細かく刻んで冷凍するのもいいですが、ざっくり切って蒸しておけばすぐ使えます。

刻む

使わなかった野菜は野菜庫ではなく刻んで冷凍庫で保存するのがよいでしょう。冷凍保存のポイントは小分けして薄くのばしてパックすることです。解凍せずそのまま使います。

○タマネギ

みじん切りにして冷凍しておけばソフリット（ブロード）をつくるのも簡単になります。そのまま使っても味のベースになります。ニンジン、セロリも同じくみじん切りにして冷凍パックしておくと手早くソフリットがつくれます。

○ピーマンやパプリカ

細切りにして冷凍します。

○パセリ

葉はみじん切りに、茎はスープを取るブーケガルニ（香草類）として冷凍しておきます。

○大根の葉、蕪の葉

洗って刻んで蒸して小分けして冷凍します。ご飯に炊き込む、だしを取ったカツオや昆布を刻んでお醤油味にしたふりかけと混ぜて箸休めに。

○根菜類

細切りにして干すか冷凍にします。ゴボウの細切りもキンピラをはじめ使い道はいろいろです。ニンジンや生姜の細切りを干したものは熱湯で戻してスープはお茶として飲み、戻したものはキンピラや天ぷらにできます。

皮や茎を捨てない

○大根の皮

細く切って干しておくと切り干し大根として煮付けることができます。

○ブロッコリーやキャベツの芯

本体を蒸すときに太い芯は捨てずに冷凍しておき何本もたまったらスープにします（110ページ参照）。

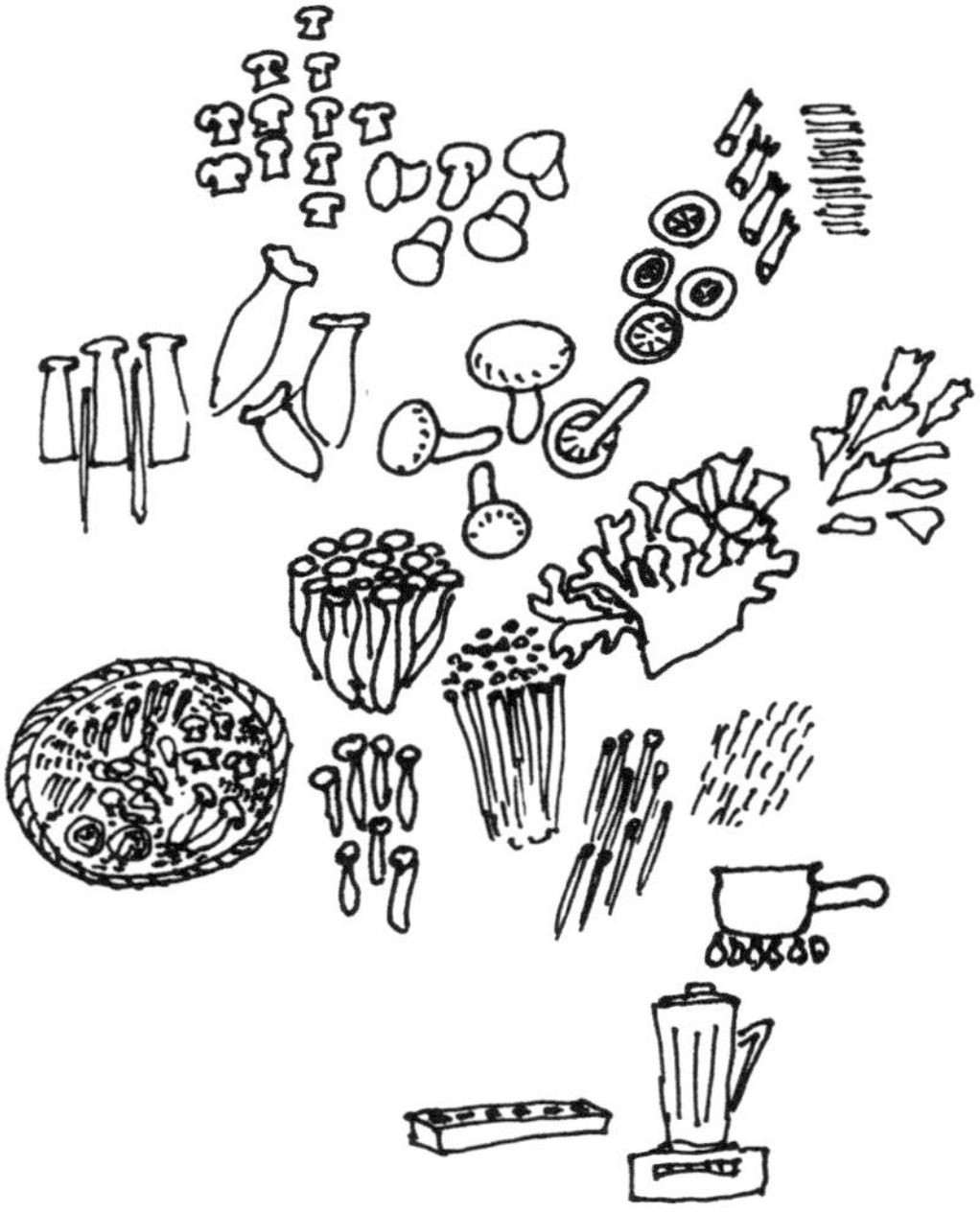

キノコ類は干し、冷凍して保存します。シメジ、マイタケはバラバラに、シイタケは軸と傘を外して傘の内側を干します。エノキはバラバラにして完全に乾燥させ、細く切って煮、冷ましてミキサーにかけ、アイスキューブで冷凍にします。

3

自家製加工食品にして保存する方法

残ったものも買ってすぐのものも、使うための加工をしておくという方法もあります。いわば自家製加工食品をつくるということです。すぐ使えるための躾けであり、保存の加工は明日の料理そのものです。

○タマネギ、ミョウガの酢漬け

輪切りにスライスして15〜20分おき、酢、塩、蜂蜜に漬けます。そのまま使えます。

○ワカメの酢漬け

乾燥ワカメをお水で戻して食べやすい大きさに切り、とろとろになるまでお酢を少し入れて煮て冷やしておきます。瓶に入れて冷蔵すれば、サラダにもきゅうりもみにもすぐ使えます。

○甘酢漬け

スライスした蕪、蓮根、新生姜、細切りにした白菜の芯などを、甘酢（106ページ参照）に漬けます。

○ソフリット

みじん切りにしたタマネギ、セロリ、ニンジンを順にオリーブオイルで炒め煮します。冷凍にして、スープにもパスタソースにもつかえます。それぞれのみじん切りを冷凍しておいて少しづつつくる手もあります。そのまま使っても味のベースになります。

○バジルの塩漬け

スイートバジルを刻んで塩とオリーブオイルにつけておきます。トマトソースに塩味と香りを与えます。パスタに欠かせません。

○ブイヨン

ほかの調理で使ったタマネギ、ニンジン、セロリの皮や切り落としを捨てず、少々の塩で煮出してこします。製氷器などに入れて凍らせ、冷凍キューブにしておきます。すぐ使うときは冷蔵でも。

乾燥させたエノキを戻してスープごとミキサーにかければこれも野菜ブイヨンです。

4 半完成品にして保存する方法

食材を半加工して冷蔵・冷凍しておくと、さまざまな料理への汎用性があり、便利です。食材を温めるだけや加熱するだけ、何かを加えるだけという自家製食品は安心便利で美味しいと言えるものです。

冷凍すると、ものによっては一ヶ月くらい持ちますが、おおよそ二週間くらいを目安に使うほうがいいでしょう。

○魚の切り身の自家製漬け

まず、切り身のお魚に塩をふって5分くらい置いて水分を取る「塩しめ」をします。

粕漬けは、酒粕と白味噌、みりんを混ぜたものにガーゼに包んだ切り身を入れ、冷蔵庫で一週間ほど漬け込みます。

味噌漬けは、好みの味噌、みりん、砂糖、酒などに、粕漬けと同じようにガーゼに包んで冷蔵庫で一週間ほど漬け込みます。豚肉（1センチくらいの厚みの切り身）の味噌漬けも美味しいです。

漬け込む期間で味のしみ方が変わるので、好みのタイミングで食べます。

○ラグー（煮込み）

野菜（ニンジン、タマネギ、セロリ）と牛肉を圧力鍋でトマト煮しておきます。一回ずつの量に分けて冷凍しておけばカレー（スパイス類を加えて煮込む）、パスタのソース（パスタと絡める）、ボルシチ（ビーツを加えてサワークリームを添える）などに変貌させます。

○お肉のスープ煮

塊の牛肉（煮込み用の腰肉など）を圧力鍋などで野菜とともに柔らかくなるまで煮込み、スライスし、お肉とスープを別々に冷凍します。解凍してお肉とともにできたコンソメスープで煮れば、簡単なターフェルシュピッツ（オーストリアの煮込み料理）といえます。

○トマトソース

夏はよく熟した生トマトでつくります（冬は缶の湯剥きトマトでもよい）。

タマネギをみじん切りにして15～20分ほどそのまま置き（栄養価がアップします）、オリーブオイルをフライパンに入れ、タマネギを入れてよく炒めてから、トマトを入れます。塩こしょう、角砂糖1個分くらいの砂糖を入れて煮詰めます。

このソースはそのままでも使えますが、オリーブオイルでガーリックを炒め、パンチェッタ（ベーコンでもよい）を入れて炒め、このソースを加えればパスタソースになります。またはホタテやエビを入れて魚介ソースにもできます。

○ミートソース

牛挽き肉（合い挽きは×）をほぐしながら低温で炒め、赤ワインを加えます。前項のトマトソースを加えます。みじん切りにしてオリーブオイルで炒めた生シイタケとニンジンを加えて炒め、最後にウスターソース少々で味を調えます。

パスタ、ピラフの具や、ドライカレーにします。

そのほか、お肉をそのままに保存せず、豚肉を味噌や醤油の下味をつけたり、鶏肉を酒蒸しにしたり、牛肉をワインに漬けておくのも半完成の保存です。これらはグリルするだけでメインの食材になります。

第４章

さあ、
いよいよ調理の
時間です！

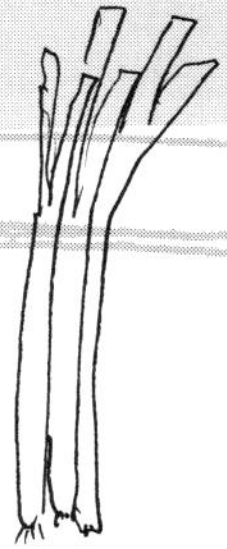

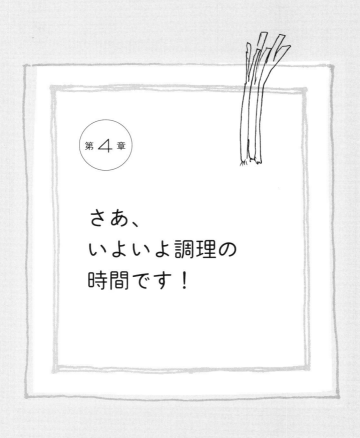

定番料理がいちばん美味しい

いよいよ調理の時間です。保存しておいた食材を組み合わせて手軽で美味しい料理をつくりましょう。そのポイントは、それぞれの家庭での定番料理を決め、季節に応じた食材で変化させながらつくり続けることです。

毎日料理をしていると、変わった料理で目先を変えたほうが家族が喜ぶと思いがちです。つくっているほうも違ったものに挑戦してみたくなるものです。

テレビの料理番組は試食する人は美味しいと言いますし、つくっているほうも手際がよいのでやってみたくなったりします。しかしベテランの主婦は見るだけでどのくらい美味しいか想像できるので、わざわざレシピを覚えてつくるほどではないことを見抜きます。

それよりもプロのさすがと言える基本を見て、そこがポイントだったのかと気づくことです。つくり方の基本ポイントを見抜くことが、料理番組の正しい見方です。見ただけで美味しいかそうではないかがわかれば、食の仕掛け人としてベテランです。番組でやるくらいだから美味しいだろうと思ってしまうのはまだまだと言えます。

本章では、購入してから処理し保存した食材を、実際にどのように調理するかについてお伝えします。

また、家庭料理の決め手であるやさしい味にするための味つけの基本についてもこの章でお伝えします。手軽な市販品に比べれば、だしや調味料を自分でつくるのは手間がかかると思いがちですが、これは慣れです。習慣にしてしまえば、その分その価値のある家庭料理に仕上がります。調理の前提となる知識と言えるでしょう。

1

味つけを決める五つのポイント

「美味しさの決め手は味つけ」とひとことで言ってしまえば、市販の美味しい加工調味料にまさるものはありません。カレーのルーや各種ドレッシング、各種のたれ類、そしてだしの素も自分でつくるより格段に美味しく、便利だと思って誰もが使います。でも、大切な味つけを商品にまかせてしまっていいのでしょうか。

ここでは、①切り方、②下味のつけ方、③加熱の火加減、④だしとスープストック、⑤調味料を入れる順番とタイミングという五つのポイントについてお伝えします。

❶切り方

味つけは切り方から始まっています。美味しさは、最初の切り方によって決定される部分も少なくありません。包丁の種類もご紹介します。

[切り方いろいろ]

輪切り

　大根、ニンジンその他、球形のタマネギ、レモン、蕪など、切り口が円形になる切り方です。煮物の場合は、味の浸透を均一にする必要がありますから、頭としっぽで太さが異なっていても、幅をそろえて切ります。

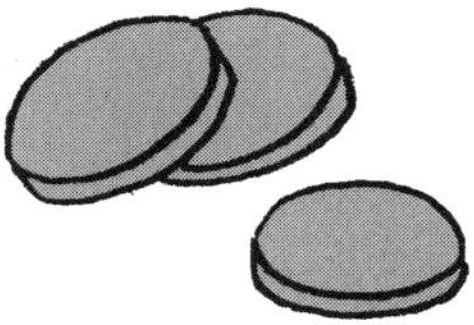

半月切り

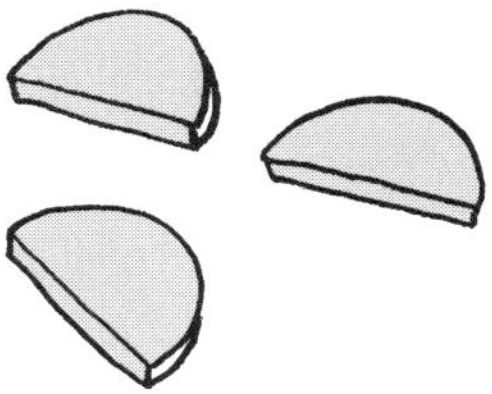

　輪切りでは大きすぎる場合、輪切りを半分にした形に切ります。適当な長さに切った後、縦半分に切り、次に切り口を下にして、やはり幅をそろえて切ります。ほかの材料になじみやすい幅、または同じ幅にそろえます。薄くすれば火の通りが早くなります。

いちょう切り

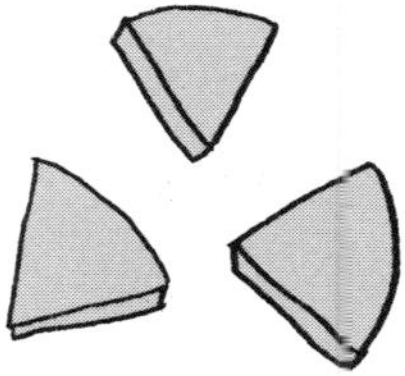

半月切りをさらに半分にした形。輪切りの４分の１の大きさです。

斜め切り

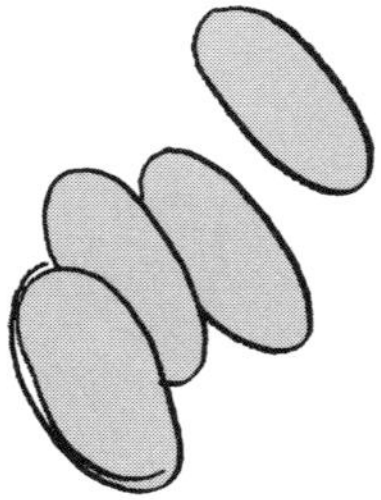

きゅうり、ゴボウ、長ネギなど細長い食材を斜めに切る方法です。表面積が増えて火の通りがよくなります。きゅうりの場合は小口切りでは小さくなりすぎるときに、この切り方をします。

小口切り

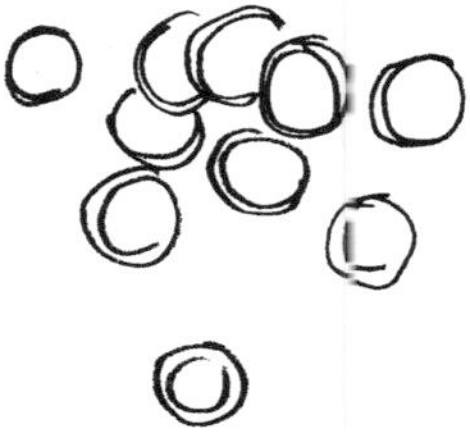

ネギ、アサツキなどの切り口が丸くなる切り方です。薄切りにして薬味などに使います。

拍子木切り

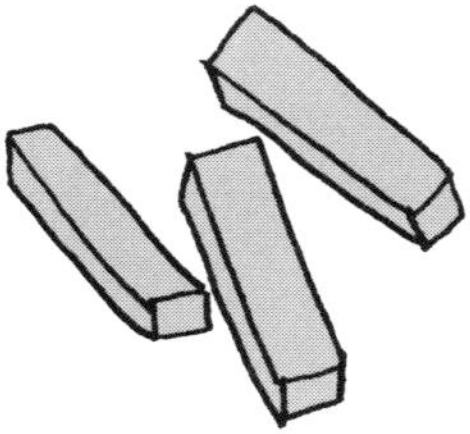

短冊切りの厚さを１センチくらいにして、棒状に切ったものです。

短冊切り

細長い長方形に薄く切ったものです。たとえば、ニンジン、大根などを、はじめに5センチくらいの厚さの輪切りにし、次に切り口を上に向けて1センチ幅に縦切りし、さらに切った面を寝かして薄く切ります。

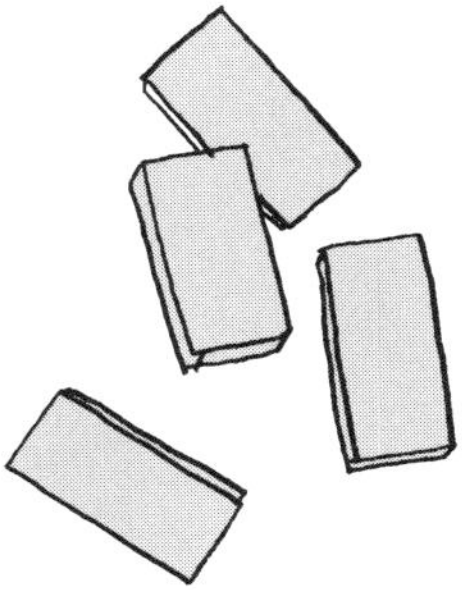

細切り

厚さは2〜3ミリくらい、長さ5センチほどに、繊維と平行に切ります。

千切り

細切りよりさらに細く切ります。白髪ネギなどをつくるときは、5センチの長さに切り、中の芯を取り、平らに広げて繊維の方向と平行に切ります。

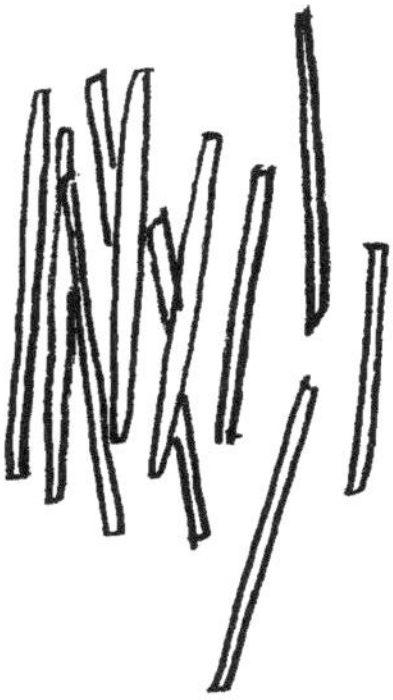

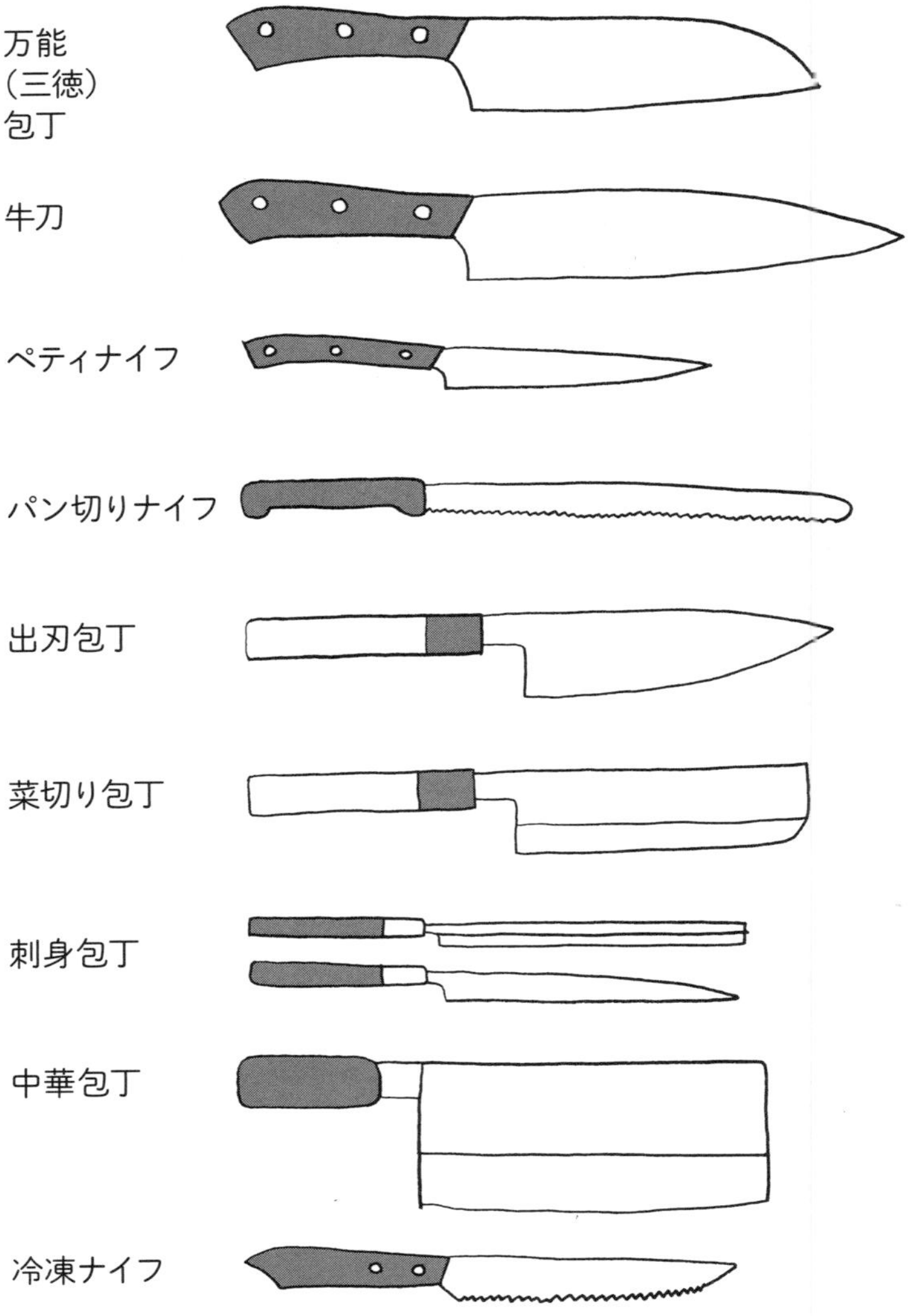
万能
（三徳）
包丁
牛刀
ペティナイフ
パン切りナイフ
出刃包丁
菜切り包丁
刺身包丁
中華包丁
冷凍ナイフ

❷下味のつけ方

塩こしょうで素材の味を引き出したりワインや日本酒、老酒などで臭みを取るとか柔らかにする工夫など、下味をつけることは大切です。

❸加熱の火加減

味をしみ込ませ食材を美味しい状態にするには加熱のタイミングと火加減です。強火、中火、弱火、とろ火と表現しますが鍋では煮立つまでが強火です。その後は中火、そして味つけ段階仕上げはほぼ弱火です。

フライパンなどでの加熱の強火は焦がす危険が大きく、フライパンは火から離したりずらしたりする必要もあります。鍋もフライパンも火を消しても余熱がありますから余熱でも加熱は進みます。煮物の場合、余熱でゆっくりと冷めていく間に味は浸透します。

❹だしとスープストック

美味しさの土台をつくるこれらがそろっていれば安心して簡単料理ができます。

洋食は、魚、肉の旨味に調味料、香辛料を加えて濃厚な味を構築していきますが、和食の旨味は、全体から肉、魚の旨味を引き算して、だしの分量を考えます。素材の味をより生かす美味しさの考え方です。

カツオだし

○一番だし

水4カップに昆布（10センチ角）1枚を水から鍋に入れて、中火以下で温め、煮立つ直前に取り出します。削りガツオ20gをそっと広げて入れ、強く煮立てず沈ませて火を止め、あくを取ります。これをこします。

○二番だし

一番だしに水を入れて火にかけます。これでは薄いので、昆布、削りガツオを追い足して、中火で一緒に煮立て、あくを取り、ふきんでこして、絞ります（一番だしは絞りません）。

煮干しのだし

水4カップに煮干し100g（頭と内臓を取り除いたもの）をつけ、旨味を引き出します。朝の御味御汁には、前の晩からつけておきます。火にかけて5分くらい煮ます。つけておかなかった場合は水に入れてから10分以上弱火で煮ます。煮干しは捨てずに、醤油、みりんで味つけをして箸休めに。

昆布だし

水1リットルに15センチ角の昆布を入れ、1時間以上つけておけば、だしは出ます。火にかけるのは3～5分。お寿司のご飯を炊くときや鍋料理のベースとして使うときは、昆布をそのまま入れます。干しシイタケを煮るときも、昆布を一緒に入れます。

だしをつくるのが面倒な人は、だしになる食材（煮干し、カツオ、昆布、エビ、ホタテ、シイタケ）を粉にしておいて使います。このとき、エビ、ホタテ、シイタケなどは乾燥のものですがさらに、電子レンジで乾燥させてから粉状にし、瓶に入れておきます。

だしとしては、前記の通りでよいのですが、醤油とみりんを加えて八方だし（だし8対醤油1＋みりん1）をつくっておくと便利です。冷蔵庫で一週間くらい保存できますから、その間に使い切ります。煮物をはじめとして、いろいろな味つけに使えますし、麺つゆとしても使えます。

昆布は、カツオを入れる前でもこした後でも取り出して、でき上がった八方だしで煮ておけば、昆布の佃煮になります。だしを取った後のものも捨てずに利用するのが日常食のあり方です。

スープストック

鶏ガラスープや野菜のブイヨンなどもつくり置きします。これらはアイスキューブにして冷凍保存しておけます。

○鶏ガラスープ

鶏ガラに熱湯をかけて臭みを抜き、水から煮ます。ひと煮立ちしたら弱火（90℃）にして、スープをとります。鶏ガラや手羽先600gに対して、水1リットルの割合です。和風味で使う場合は、干しシイタケ、昆布を入れ、洋風味の場合には、パセリ、セロリ、ニンジンなどの野菜の切れ端を入れます。ブーケガルニ（香草）を入れてもよいでしょう。

○牛肉のスープストック

深鍋に水と塩、牛スネ肉、ニンジン、タマネギ、パセリ、セロリの葉を入れ、煮立てます。あくを何度も取り、肉が十分に柔らかくなるまで中火から弱火で煮、これをこしてスープをつくります。

○エノキのブイヨン／くず野菜のブイヨン

あらかじめつくって冷凍しておきます（つくり方は82ページ参照）。

家庭の味はそのときどきで少し変化するのも魅力ですが大失敗はしたくないものです。計量する正確な分量も大切です。この程度という目分量も必要です。

❺調味料を入れる順番とタイミング

「調味料のさしすせそ」とは、①砂糖・酒、②塩、③酢、④醤油、⑤味噌です。みりんは最後に照りを出すために使うこともありますが、お酒と同じように始めに使うこともあります。お砂糖は後から入れても甘みがしみ込みません。お醤油やお味噌は風味が消えないように最後に入れます。塩を先に入れるとお砂糖の効果が出ません。ゆでるとき早くお湯を沸騰させるためにも塩を使いますが、食材の味を引き出すためにも塩が働きます。

○カレーの味つけ

カレーは市販の美味しいルーを使うのが便利と思い込んでいるかもしれませんが、いろいろなスパイスを混ぜたり、カレー粉を調合してつくるのも楽しいものです（ターメリック、カルダモン、チリパウダー、ブラックペッパー、コリアンダー、シナモン、カレーリーフ、クミン、ガラムマサラ、クローブ、ジンジャー、ローリエなど)。

○生野菜や蒸し野菜などの味つけ

塩とこしょうにバルサミコと酢、レモンのいずれかとオリーブオイルで十分です。酢は二種類以上混ぜると柔らかな酸味になります。

○マヨネーズ

卵黄1個、酢大さじ1、塩小さじ3分の2、こしょう少々、マスタードをよく混ぜ、カップ1杯のオイルを少しずつ入れながら混ぜれば簡単につくることができます。簡単なのでそのときの分量だけつくってもよいでしょう。または一週間くらいで使い切るように少量つくるのはそれほどの手間ではありません。たくさんつくっておこうとしないほうが新鮮です。

○和洋中華の味つけ

和洋中の違いも副菜の範囲であれば調味料の使い分けでそれらしくもなります。和の場今は醤油味、味噌味をシンプルに風味立たせます。羊の場合はバターの香りやオリーブオイル、塩こしょうに始まりバジル、ローズマリー、オレガノ、タイムなどのスパイス類、中華であればゴマ油、老酒、生姜、山椒、ネギなどを使うことでそれらしくなります。

○酒粕や麹などの味つけ

酒粕や塩麹などの発酵食品は旨味をつくりだします。

チャウニャン（水２００cc、酒粕２００g、黒酢75cc、黒砂糖75gを沸騰させます）は煮込むものに入れると旨味が出ます。これを冷蔵保存しながら使います。ヨーグルトはカレーなどに加えてコクを出します。

調味料をつくってみましょう

○梅びしお

梅を塩出ししてハチミツ、みりんを入れ弱火でよく練ります。

○ユズ味噌

ユズの皮は細かく切り、汁とともに白味噌に加え、ハチミツを入れて弱火で煮、酢、みりんでのばします。野菜のあえものやナチュラルチーズにつけて使います。

○酢味噌

白味噌、酢、ハチミツ、みりん、塩、和辛子を合わせて弱火でよく練ります。ネギ、小柱、貝類、春野菜などのぬたに使います。

○ゴマ味噌

ゴマ、味噌をすり鉢ですり、酢、ハチミツ、みりんを加えた鍋で弱火で練ります。揚げ野菜や田楽に添えて。

○ゴマ醤油

いり黒ゴマをすり、ハチミツ、みりん、だし汁を合わせます。葉物野菜、ほうれん草、サヤインゲン、ゴボウなどにつけて食べます。

○三杯酢

酢、ハチミツ、醤油、塩に水を加えて合わせます。魚介類、野菜とともに。

○甘酢

酢、ハチミツ、塩を合わせるだけ。中華風にする場合はゴマ油、ショウガ、鷹の爪、和風の場合はみりんと昆布を、洋風の場合はローリエ、キャラウェイ、ディル、こしょうを加えます。

○寿司酢

酢3：砂糖2：塩0・5の比率で鍋に入れて弱火にかけ、木杓子でかき混ぜ溶かします。冷やして瓶に入れます。寿司飯をつくるときは、炊きたての白米に加え、杓子で切るように混ぜ、よく混ざってからうちわであおいで冷やします。

○土佐醤油

瓶に醤油、みりん、削りガツオを入れて冷蔵保存します。

○昆布醤油

醤油、塩、昆布を合わせるだけです。昆布味の薄い醤油なので、生の白身魚につける醤油として。

○甘味醤油

砂糖、みりん、醤油を合わせるだけです。うま味のある食材の味つけとして。肉じゃがやサバ煮などに。

○木の芽味噌

山椒の木の芽と茹でたホウレンソウの葉の部分をすりつぶしてよく混ぜます。さらに白味噌、みりん、ハチミツ、練りゴマ、塩、酒、薄口醤油を加えて混ぜます。タケノコ、ウド、イカなどに添えて。

○肉味噌

豚バラ肉を味噌、砂糖、酒、生姜で煮込みます。お豆腐にのせたり、野菜炒めの調味料として。

○白あえ

木綿豆腐は水を切り、布で絞り、すりつぶして練りゴマ、塩、酒、ハチミツ、だし汁、練りピーナッツほかの材料と混ぜます（練りピーナッツを入れるとコクが出ます）。ニンジン、ワラビ、シイタケ、こんにゃく、ひじきなどと合わせます。

○ナスペースト

ナスを焼き、皮をすべて取り除き（焼けた皮が入らないように）、みじん切りにします。

みじん切りにしたガーリックを加え、塩、ワインビネガー、オリーブオイルを少しずつ入れながらペースト状になるまで混ぜます。ディップとして使ったり、肉に添えたりします。

○ジェノベーゼ

バジル、松の実、ガーリック、オリーブオイルをすべて混ぜながらペースト状にします。パスタのソースなどに。

○バーニャカウダ

ガーリックひとかけを牛乳で煮、アンチョビを加えすりつぶします。オリーブオイルを入れて弱火にかけ温めます。蒸し野菜につけたり、ボイルした牡蠣につけて食べます。

○アンチョビペースト

アンチョビ、ケッパー、赤唐辛子、オリーブオイルをすべて混ぜながらペースト状にします。魚介類のソースや魚貝パスタの味つけに。

2 主菜の定番料理は自家製の保存食材を使います

半完成で保存した自家製食材を味や使い方で変化させれば、十分なバリエーションになります。つまり買い物はいつでも同じものを買えばよく、その下ごしらえまでは習慣で容易くやり終えます。後は保存されているものを自在に変化させてつくります。

飽きてきたなと思う頃には幸い季節が変わるので別な旬の食材、保存食品をつくることになり悩みは解消です。

定番料理は、まず主菜（メイン）になるものから考えます。お肉、お魚、卵などのタンパク質食材です。お豆腐、お豆なども植物性タンパク質で常に食したいものですが、メインになるというより副菜、もしくはメインと競演するものでしょう。野菜類や発酵食品も同じです。どう取り入れるか、栄養による役割は大切です。副菜の組み合わせ次第で豪華な美味しい料理にもなります。

主菜のメニューをいくつかご紹介しましょう。スープや煮物、煮込み料理は栄養のバランスのよい定番料理です。

○白いスープ

タラなど白身のお魚を入れたスープは主菜と言ってもよいかもしれません。冬のスープは濃厚なクリームスープが温まります。

タマネギのみじん切りを、オリーブオイルでよく炒めて（ソフリットのストックがあればそれを使います）、タラのほかにマッシュルーム、カリフラワー、ジャガイモ（蒸したストックがあると早いでしょう）、牛乳（豆乳）やダブルクリームなどを入れます。ダブルクリームがなければ、代わりはブルーチーズ（英国のスチルトンなど）がよいでしょう。ミキサーにかけてポタージュにしても、そのまま野菜やお魚の具だくさんスープにしても、そのときどき、または好みで変化させます。

ブロッコリーの芯を使う場合は、刻んだ芯（オリーブオイルで炒める）とソフリットに牛乳を入れ、ミキサーにかけ、チーズを加え温めてパセリを散らします（ブロッコリーの芯のポタージュは夏は冷やしても美味しいです）。

○ポトフ

野菜たっぷりでお肉も摂取できます。鍋料理のような冬の定番です。スープを単独に調味すれば次の日にクルトンやパセリを散らしていただけますが、ポトフそのままをカレーにもシチューにも、パプリカをきかせればハンガリアングーラッシュにも変身させることができます。冬は大鍋で大量につくって変化させるのが便利です。ニンジン、タマネギ、セロリ、ジャガイモ、蕪、キャベツ、ソーセージ、牛スネ・モモ肉をひと口大に切ります。肉の表面に焦げ目がつく程度に炒め、ブイヨンと水を入れて約2時間煮込みます。グラグラ沸騰させず、ゆっくり沸騰させてあくを取り、肉が柔らかくなったら野菜を入れて野菜に火が通ったらでき上がりです。

○ターフェルシュピッツ（牛肉煮込み）

90ページで紹介した煮込みの半完成品を使い、牛肉の塊を野菜と煮たものですから、お肉は切って冷凍、スープと野菜も分けて冷凍しておけば何度かの主菜になります。温めるだけです。

○カレー

年中の定番ですができれば市販のルーを使わないで、ポトフからでもラグーからでもスパイスを加えてつくりましょう。冬にはカレーうどんもあつあつで嬉しいものです。

○焼き魚

和食の定番です。お魚は冷凍されている切り身魚の塩焼き、照り焼き、もっと簡単に自家製粕漬け、味噌漬けの切り身魚をフライパンで弱火で焼きます。

焼き魚がメインにあれば、ご飯は麦ご飯、豆ご飯、菜めし、五目ご飯など混ぜるものはすでに保存食品としてつくってあれば入れるだけです。おひたしは季節の葉物を蒸して下ごしらえされていれば、胡麻醤油か自家製ふりかけ、カツオ節とお醤油などで。副菜の多い和食もそのときつくるものが少なくて済みます。洋食も中華もできるだけひと皿になるものを考えると片付けも簡単です。

○トマトソースから変化させる

自家製トマトソース（85ページ）に挽肉を加えてミートソースにさらにカレーパウダーを加えればドライカレーに。ザーサイ、キクラゲ、ピーマンなどのみじん切りと豆板醤で中華。トマトソースにエビやホタテを入れてパスタの魚介ソースにもなります。パスタはソースの下ごしらえがあれば短時間でできます。

○天ぷら

火加減や鍋などの道具の問題がありますからお店のようなものを期待しないで食材そのものの味を美味しくいただくことだけを考えましょう。

春先の野菜（菜の花、タラの芽、フキノトウ、ウドなど）は苦みがありますから天ぷらにしていただくのが最高です。野菜などを美味しく食べたいときは失敗を恐れずに挑戦しましょう。バラバラになりそうなら天丼に仕上げれば満足な美味しさが得られます。

○肉じゃが

定番の家庭料理です。牛肉、ジャガイモ、タマネギ、ニンジン、糸こんにゃくなどを油で炒めてから、醤油、砂糖、みりんで甘煮にします。蒸し野菜などが常備保存されていれば手早くできます。糸こんにゃくなども湯通ししておけば卯の花をつくるときにも使えます。

○豚汁

根菜類がたくさん入って豚肉が入ります。具だくさんですからそれだけでも十分です。たくさんつくって何回にも、煮込むほどに美味しくなります。御味御汁として小さいお椀に。大きなお丼で麺類を入れたりお餅を入れたりしての一品主菜にもなります。

シイタケ（キノコ類）、ゴボウ、サトイモ、こんにゃく、ニンジン、蓮根、豚バラ肉、油揚げ（油抜きしておく）をゴマ油で炒めます。水を加えて、あくを取りながら煮ます。火を止めてから味噌を加えます。酒粕やチャウニャンを加えるとさらに美味しくなります。煮物は、味が時間の経過とともに食材にしみ込んでいくことによって美味しくなる料理です。豚汁の根菜類を同じサイズになるように切ると火の通り方が均一になります。

刻んだネギや七味唐辛子、ユズの皮などを添えて食べると美味しさがレベルアップします。

3 副菜は主に常備菜でつくります

副菜は主菜を補うもので、主菜だけでは栄養バランスが悪いなどの欠点を補うために加えるものです。見た目にも副菜が主菜を引き立てるので、一段と美味しく見えるわけです。本来、ひと皿または一品で栄養バランスも美味しさも満足感もすべてを満たしているものが家庭料理としては優れたものと言えます。調理は一種類を集中して最高のものをつくり、後片付けもひと皿、一器を洗うだけで済むので簡単な作業です。

何品もつくるのは料理を楽しむ、盛りつけを楽しむ、セッティングを楽しむことです。何品もつくらなくてはいけないとプレッシャーを感じる必要はありませんが、手軽に増やすには常備されたものを副菜とします。

主菜だけを調理して、それに加える副菜は常備菜で栄養バランスが取れたら、手軽に美味しくなると言えましょう。

○ラタトゥイユ

夏の野菜五色がそろう元気の出る常備菜です。ソースとしてお魚、お肉などのグリルにたっぷり添えます。ゆで豆を加えてもお肉を加えても夏のカレーになります。

鍋にオリーブオイル、ガーリック、エシャロット、タマネギを入れて熱し炒めます。形よく切った野菜類（パプリカ、ナス、ニンジン、タマネギ、トマト、セロリ、ズッキーニ、好みでキノコ類も）を入れて炒め合わせます。バジルとタイム、ローリエを加え、白ワイン、手でつぶしたトマトの水煮、野菜ブイヨンを加えて煮ます。全体になじんだら塩、こしょうで味を調えましょう。

○カポナータ

揚げナスの甘酢煮です。オリーブオイルでナスを揚げ、別にオリーブオイルで炒めたタマネギ、セロリ、トマト、オリーブ、ケッパーと合わせて、白ワインビネガーで軽く煮込み砂糖、塩で味を調えバジルを加えます。

○ナスの揚げ浸し

夏から秋、和食の一品としてつくり置きします。ナスを半分に切り、素揚げして、刻み生姜と七味唐辛子を加えて八方だしに漬け込みます。

○蒸し野菜

ニンジン、ブロッコリーは蒸して冷蔵しておけばいつでもサイドディッシュとしてつけあわせられます。ほうれん草、小松菜、菜の花などの青物野菜、アスパラガス、タマネギもゆでる場合より栄養価が溶け出さないのでそのまま使えて便利です。

新タマネギは上から八方に切り込みを入れて電子レンジで加熱し、ポン酢をかけます。

○野菜のムース

蒸した野菜をミキサーやフードプロセッサーなどでマッシュ状態にして、マッシュポテトを加えて適度な柔らかさに。ゼラチンやホイップクリームを加えてなめらかにします。ほうれん草や赤パプリカ、アボカドなどは彩りよくなります。サーモンとタマネギはやさしいピンク色でひな祭り向きです。

○大根餅

おろし大根に白玉粉を混ぜて形をつくり、ゴマ油で焼き、辛子醤油で食べます（常備菜というより、すぐできる簡単な副菜です）。

○マッシュポテト

蒸したジャガイモ2個に、牛乳１００cc、バター10g、パルメジャーノレッジャーノ15g、塩少しを加え、なめらかにつぶします。野菜のムースに混ぜて使うこともできます。

○野菜の煮物

おでんは大がかりですが大根とちくわ、厚揚げだけで手軽な大和煮です。大根は蒸してあるものを煮ますから味の含みがよく柔らかです。

ニンジン、ゴボウ、蓮根、カボチャ、サツマイモなどは別々に蒸した後、別々に味をつけます。

春にはフキなども煮ておきます。野菜の炊き合わせになります。

○サトイモの煮っころがし

サトイモを蒸して皮をとり、だし、しょうゆ、みりんを合わせた鍋の中でころがして表面にだけ味つけします。

○かんぴょう、干しシイタケ

かんぴょうを水で戻し、塩もみをして洗っておきます。黒砂糖、ハチミツ、だし、みりん、醤油で柔らかくなるまで煮ます。干しシイタケは水で戻し、昆布だしと甘味醤油煮にります。

つくっておくと和食の箸休めだけではなく、海苔巻きやちらし寿司をつくりたくなる常備菜です。野菜の炊き合わせにも加えられます。

○油揚げの甘醤油煮

油揚げは湯通しをして余分な油分を取り、甘味醤油と八方だしで煮ます。そばなど麺類の具にしたり、おいなりさん（お寿司ご飯にニンジン、かんぴょう、干しシイタケの煮野菜を刻んで入れ、ゴマも入れる）にしたりします。

○こんにゃく煮

山椒味をきかせたり七味唐辛子をかけた醤油煮も野菜の炊き合わせに組み込めます。

こんにゃくは塩もみして洗い、味がつきやすくなるように手でちぎるか、小鉢の縁で切り取ります（よい形にしたいときは手綱切りで）。少ない水で煮立ててゆで、八方だしを煮立てたところに加え、弱火で煮含めます（または、ゴマ油で炒めてから煮含めます）。

○炒り豆腐

牛肉の挽肉と木綿豆腐、細かく切ったニンジン、ゴボウ、蓮根、シイタケ、生姜、糸こんにゃくをゴマ油で炒めて、みりん、醤油で味つけします。

○卯の花

ひじき、ニンジン、ゴボウ、シイタケ、ネギなど野菜の細切りを炒め、味をつけ、しらすや糸こんにゃくなどを加えておからを煎り、砂糖、酒、醤油、だしで仕上げます。最後に生卵を混ぜ合わせます。箸休めとしても、あると便利な和食の副菜です。

○お豆腐

夏は冷や奴、冬は湯豆腐、それで十分です。冷や奴は薬味（常備菜の鰹だし昆布で作ったふりかけやネギなど）に工夫を。湯豆腐はつけ汁を美味しくしてみましょう。

○煮豆

ゆでた大豆と鶏肉、ニンジン、ゴボウ、こんにゃく、蓮根、干しシイタケ（水で戻す）、油揚げをサイコロサイズに切り、干しエビのだし、昆布のだしで煮ます。黒砂糖、ハチミツ、みりん、醤油、塩で味つけます。大豆ではなく黒豆でもよいでしょう。黒豆はお正月だけではなく常備菜として甘煮しておいたものも最高の箸休めです。

○ベイクドビーンズ

トマトソースにゆでた白インゲンを絡ませオリーブオイルでまとめ、ケチャップを加えて味の調整をします。朝、昼などのパンや卵に添えるだけでなく、メインのサイドディッシュとして役立ちます。

○ひよこ豆のコロッケ

ゆでたひよこ豆をつぶしてスパイスや塩こしょうで味をつけ、小麦粉をまぶしてコロッケのように揚げます。中近東では「ファラフェル」と呼ばれる人気料理です。

○キノコの炒め煮

キノコはシイタケ、シメジ、エリンギ、エノキ、マイタケなどの干して冷凍したものをそのままオリーブオイルかゴマ油、昆布だしで炒め煮にし、醤油とみりんで味つけしておきます。ご飯に炊き込むこともパスタやリゾットの具材にすることもできます。

○シシトウお揚げ、しらす炒め煮

細切りにしたシシトウと油揚げをしらすとゴマ油で炒めだしじょうゆで含ませます。夏場は冷蔵で二、三日保存可能です。シシトウの代わりにチンゲンサイでも合います。

○酢の物

自家製加工食品の酢漬けのワカメなどをきゅうりの輪切りとあえるだけです。

○スイカのピクルス

スイカは三角に切った上の部分、つまり球体の中心は甘いのでそのまま食べます。次の部分は甘さが弱いので煮詰めてジャムにします。皮までの白い部分をピクルスにしてみましょう。水、砂糖、塩、酢を等分量にし、唐辛子、ローリエ、黒こしょう、フェンネルなどを加えピクルス液をつくります。塩で水出しして、沸騰させたピクルス液に漬けます。

○ビーツのピクルス

ビーツを薄切りにして、水、砂糖、酢、オリーブオイルでビーツが柔らかくなるまで煮ます。美しい色のピクルスですが、切るときにも色がほかにつかないように注意。

○自家製ふりかけ

だしを取ったカツオや昆布を松の実、生姜を加えて刻み、醤油とみりんで煮詰めます。ぱらぱらでしっとりになるくらいのものが使いやすいでしょう。

山椒じゃこふりかけは、しらすを醤油、みりん、山椒で煮ます。からからになるまで目を離さず焦がさず気をつけます。

○蕪の葉、大根の葉

蕪の葉大根の葉は洗って刻んで蒸して小分けして冷凍、ご飯に炊き込んだり、前項のふりかけと混ぜゴマ油で水分がなくなるまで炒めます。箸休め、ふりかけになります。

○おひたし

季節の葉物（ほうれん草、小松菜、菜の花など）が蒸して下ごしらえされていれば、ゴマ醤油か自家製ふりかけ、カツオ節と醤油などであえてあっという間におひたしに。

○具だくさんのお素麺冷やし中華（夏の定番）

コク（旨味）と辛み、薬味風味が大切です。オクラ、きゅうり、ワカメ、トマト、ハム、鶏ささみ、錦糸卵、天かす、揚げナス、桜エビ、ゴマなどと薬味（大葉、ミョウガ、生姜、ネギ）をゆでたお素麺の上にかけていただきます。ゴマ油に甘味のあるだし、酢醤油を混ぜてかけます。

○冷たいスープ

蒸した野菜（ジャガイモ、ニンジン、カボチャなど）をマッシュして、ブルーチーズとタマネギを炒めてコクを出して牛乳で薄めてポタージュにして冷やします。

○福神漬け

夏野菜を細かく切って（ナス2本、大根10センチ、きゅうり2本、蓮根、ゴボウ、シイタケなど）塩もみして、一時間くらい置き、調味料（生姜少々、水100cc、醤油、砂糖、みりん、酒、酢）を煮立て、絞った材料を入れ、沸騰したら火を止めます。らっきょやピクルスとともにカレーによく合います。

4 常備菜でひと皿満足料理ができれば十分です

何品もつくるよりひと皿で満足するものが合理的な家庭の食事です。何品もつくったり、一汁三菜のはずが七菜になったりしているのは、昔、一家の主が晩酌にいくつものつまみ料理（小鉢料理）を楽しみ、何皿もあるのが嬉しいという習慣からきているだけなのです。

日常の食事ではひと皿にまとまって栄養があって美味しいものなら十分と考えるべきでしょう。

①つくり置きの常備菜からできるもの、②一品だけつくって常備菜をサイドディッシュにする、③ひと皿プラスワンのもの。プラスワンは常備菜なのです。常備菜を昨日の残りと考えるのではなく今週はこれがテーマだと考えるべきでしょう。

洋食も中華もできるだけひと皿になるものを考えると片付けも簡単です。

○パスタやリゾット

パスタはすでにソースの下ごしらえがあれば短時間でできます。リゾットはお米からつくると少し時間がかかりますが、ご飯からつくれば早くできます。お米からつくる場合は、洗米せずオリーブオイルで炒め、ブイヨン、白ワイン、水を加え混ぜながら、ほどよく芯を残して炊き、パルメジャーノレッジャーノを入れ、具材を加えます。

○ラタトゥイユ（つくり方は116ページ参照）

パスタに絡めてひと皿にしたり、お肉またはお魚のソースとしてひと皿にします。ほかにポテトサラダの別皿があれば満足感がアップします。

○ミートソース（つくり方は85ページ参照）

ラグーもパスタやライスものができますがそれにニンジンやブロッコリーのゆで野菜をサイドディッシュにするなど、季節次第で葉物野菜と卵またはお魚の皿がつけばプラスワンと言えます。

そのほか、焼きそばといえども牛肉や野菜の具だくさん、チャーハンといえども卵や野菜がトッピングされればひと皿も十分なボリュームです。家庭でつくりやすい青椒肉絲（ピーマンと牛肉炒め）、白菜と豚肉炒め、白菜とシイタケ炒め、キャベツと牛肉の甘味噌炒めなどはどれか組み合わせて二品にワカメスープ卵入りがつけばプラスワンと言えます。白菜やキャベツは時間をかけてよく炒めると甘味が出て大変美味しいものになりますから、品数より美味しさを重視しましょう。

5

季節の一品料理を覚えておきましょう

シーズンが変わると、前の年につくった美味しい料理を忘れています。家庭料理はときとして美味しいけれど再現性のない美味しさ（ビギナーズラックの美味しさ）になりがちです。いつつくっても美味しい得意料理にできるよう、その季節のうちに何度もつくって安定させましょう。しっかり覚えるか、自分なりのレシピを残します。

リゾットとパスタ

○春

アスパラガスとグリーンピースのリゾット（タマネギのみじん切りをオリーブオイルで炒めてから、下ゆでしたアスパラガスとグリーンピースを加えて炒め、塩こしょうします）

ジェノベーゼのパスタ（ジェノベーゼは生バジル、松の実、ガーリックをできる限り細

かくしオリーブオイルに混ぜたソースをパスタに絡めます）

○夏

しらすと生トマトの加熱ソースのパスタ（ベースにタマネギ、アンチョビペーストで旨味を加え、トマトとシラスを加え、イタリアン唐辛子、塩こしょうで調えます）

○秋

キノコソースのパスタ（キノコソースにゆでたパスタを絡めます）

栗のリゾット（タマネギのみじん切りをオリーブオイルで炒め、そこに栗を入れます）

○冬

牡蠣とほうれん草のリゾット（タマネギのみじん切りをオリーブオイルで炒め、牡蠣を入れ炒めたら一度出し、ほうれん草を炒めて牡蠣を戻し、塩こしょうで調えます）

タリアッテレのボローニアソース（ラグーでつくります）

野菜が主役の一品料理

○春

アスパラガスのミラノ風（アスパラガスをゆで、目玉焼きを上にのせ塩をふり、パルメジャーノレッジャーノをかけオリーブオイルをかけます）

菜の花のジェノベーゼマヨネーズ和え

○夏

ポテトサラダ

きゅうりのヨーグルトサラダ

○秋

栗ご飯・松茸ご飯（キノコご飯）

キャベツと豚肉の重ね蒸し

○冬

白菜と干しシイタケの炒め煮

焼きネギ

6 相性のよい食材を知っておきます

ひとつの料理で、たくさんの食材を入れて簡単にできるものと言えば鍋物です。だしに、野菜と魚介類とお肉、豆腐、その他の多種類食材が混じり合い、その旨味がスープに凝縮します。その美味しさといったら、鍋に残るスープをひとり占めしたくなるほどです。

これは食材の相性というよりも、一度にたくさんの種類の食材を美味しく食することができる簡単な日常食のよさであり、家族全員で楽しく食事ができる代表例です。

鍋物とは別に、食材ごとに、これこその食材の美味しさが最高に引き出された料理だと思えるレパートリーを一、二品持っていれば、日常食のメニューとしては十分です。

このとき、食材と食材の取り合わせ、つまり、食材の相性によって美味しさが倍増する点も見逃さないことです。肉と野菜、魚と野菜、野菜と野菜、それぞれに相性のよい取り合わせを見つけ、その組み合わせによって料理をするのが、日常食をより簡単に美味しくするコツです。

つくり慣れた料理や、お料理の本などで見つけた新しいレシピの中から、本当に美味しい食材の組み合わせを見つけ、それを、カレー、ハンバーグ、野菜炒め以外の我が家の定番とします。

牛肉とタマネギ

○肉じゃが（つくり方は113ページ参照）

○シャリアピンステーキ

牛肉の赤身（ランプ）をたたいて筋を切り、すりおろしたタマネギ1個を上からかけ30分～3時間浸しておきます。みじん切りにしたタマネギ2個を塩こしょう、バターで飴色になるまで炒めておきます（a）。牛肉のタマネギをよく落とし、塩こしょうをしてオリーブオイルで焼き、お皿に出します。同じフライパンに（a）を入れ、肉汁を絡めたら牛肉の上にかけます。

牛肉とキノコ

○肉キノコ炒め

牛肉薄切りとキノコの油煮（キノコ類をオリーブオイルで炒め塩、こしょうしたものでもよい）を炒め合わせます。

豚肉と酸味と甘味

○酢豚

豚ロース肉、ゆでタケノコ、干しシイタケ、ニンジン、タマネギ、パイナップル、絹サヤ、エンドウ、ピーマンをひと口大に切ります。肉に片栗粉をまぶして油で揚げます。野菜を炒め、醤油、砂糖、酢、スープ、ケチャップを加えます。揚げた肉を加え、水溶き片栗粉を加えてとろみをつけます。

カツオとミョウガ

カツオのお刺身に千切りにしたミョウガと大葉をたっぷり置き、だし、醤油にレモンを絞り込んだものをかければでき上がり。

ブリと大根

○ブリ大根

ブリの切り身（またはアラ）は熱湯をかけて臭みを抜いておきます。大根を3センチ程度の輪切りにして柔らかくなるまで蒸します。酒、みりん、醤油でやや濃いめにブリを煮て、煮えたらいったん取り出し、残り汁をお湯で少し薄め、大根をしっかり煮ます。盛りつけたらユズ皮の細切りを上に飾ります。

マグロとネギ

○ネギマ鍋

だし、醤油を鍋に張り、3センチほどの長さに筒切りしたネギを煮ます。ネギに八分通り火が通ったらマグロ（赤身またはトロの落とし）を投入し、火が通りすぎないうちに食します。

ソーセージとジャガイモ

鍋にザワークラウトを適量入れ、浸る程度に水または白ワインを入れ、煮ます。煮立ったらソーセージとジャガイモ（皮を剥き2分の1に切ったもの）、粉パプリカを入れます。ジャガイモに火が通り、塩、こしょうで味を調えたらでき上がり。ジャガイモはフォークの背でつぶし、ソーセージ、ザワークラウトと一緒に食べます。

卵とジャガイモ

○スパニッシュオムレツ

ジャガイモは割り箸程度の太さに切り（さいの目でもよい）、電子レンジで柔らかくして、塩、こしょうします。フライパンにオリーブオイルを熱して、溶いて塩、こしょうした卵を流し、ジャガイモと種を抜いて刻んだトマトを入れて広げて焼きます。

トマトとタマネギ

○タマネギとトマトのサラダ（つくり方は57ページ参照）

タケノコとワカメ

○若竹煮

ぬかと鷹の爪を入れて茹でたタケノコ（水煮のタケノコでもよい）を半月切りし、だし汁で煮て、醤油とみりんで味を調えます。タケノコが煮えたら残りの汁で、水で戻したワカメを煮、木の芽を添えて供します。

揚げものや肉類とキャベツの千切り

○ソースカツ丼（ご飯の中にキャベツの千切りをたっぷりのせます）

○豚肉のショウガ焼

○牡蠣フライ

7 卵料理は主菜にも副菜にもなります

卵があればひと安心、とりあえず一品増やしたりメインにもなります。アレルギーがない限り、卵料理は多くの人が好きな料理のひとつです。和食にも洋食にも中華にもアレンジが自由です。タンパク質源ですから美味しくて身体によく、簡単料理から見栄えのあるものまでできます。

◯ゆで卵

子どもの好きなものですが、ハムやほかの具材をのせたりマヨネーズと黄身を混ぜてデコレーションしたり、オードブルとしてパーティ料理にも手軽に加えられます。お味噌やお醤油漬けにしても一品になります。

○オムレツ

プレーンオムレツは朝食の定番です。卵と塩を泡立てずに混ぜてバターで焼きます。半熟の状態で火から外して形を整えます。トマトソースやケチャップをかけていただきます。

オムレツの中身はミートソースが美味しいですが、ホタテやツナ、エビなどの魚介類とタマネギを炒めたものを入れたものも、メインになるオムレツです。キノコの炒め煮を入れるのも美味しいです。オムライスは中身がケチャップ味のチキンライスですからひと皿料理になります。

○スパニッシュオムレツ（つくり方は137ページ参照）

○卵焼き

茶碗蒸しと並んで誰もが好きな和風の卵料理の代表です。厚焼き卵は甘みの強いデザート感覚なもの、だし巻き卵はふわっとした食感のだし味のもの、ネギやしらすを入れたりして厚焼きにするのもよいものです。

○茶碗蒸し

卵1個に対して150ccのだし、お酒大さじ1、塩小さじ1、醤油小さじ1の卵液をつくります。水で戻した干しシイタケ、カマボコ、エビ、百合根、銀杏、湯葉など好みの具材（加熱してあるもの、すぐに火が通るもの）を器に入れ、卵液を注ぎます。蒸し器に入れ、強火で3分、弱火にして10〜15分蒸します。最後に三つ葉を飾ります。

○キッシュやフリッタータ

具材がたくさん入っているのでランチ、ブランチに適しています。

キッシュは耐熱皿にパイシートを敷き、ほうれん草、ベーコンなど好みの具材を炒めたものを敷き詰め、チーズ、溶き卵、生クリームを流し入れます。オーブンで焼き色がつくまで焼きます。

フリッタータはイタリア風オムレツです。卵、粉チーズ、牛乳、塩などに具材（ジャガイモ、トマト、アスパラなど）を入れてフライパンに流し入れて焼きます。もっと自由にパンやそば粉などを入れればボリューム満点になります。大きめにつくって切り分けます。

8 朝食は家庭によってさまざまな考え方があります

朝食には三つの考え方があります。それぞれの家庭の事情、家族構成、睡眠の取り方仕事の内容など、いろいろな条件があるのでどれでなくてはならないと絞ることはできません。朝食を抜くのは体に悪いと言われてきましたが、必ずしもそうではありません。お昼、夜など三食必要かどうかも、当たり前はないかもしれません。

誰にも必要なことは朝、夜に白湯を飲むことです。特に朝の白湯は食事内容にかかわらず誰もが身体のための習慣としなくてはなりません。体温や体内を調整して目覚めるために必要なことです。

❶朝しっかり食べて、活動に備える

子どもが成長期にある家庭では、朝食を抜くことは難しいと言えます。朝早くからの活動に備えて早起きして時間の余裕とたっぷりの食事が必要でしょう。

和食好きはもちろん朝も和食、特に汁物（具だくさんの御味御汁かけんちん汁）とご飯はしっかり必要です。定番は焼き魚（鮭の切り身）、卵焼き、おひたし、焼き海苔、お漬け物。

けんちん汁（建長汁）は大根、ニンジン、ゴボウ、サトイモ、こんにゃく、豆腐などをゴマ油で炒め、だしを加えて塩、醤油、酒などで味つけをするすまし汁ですが、味噌仕立てもあり、味噌仕立てに豚肉を入れれば豚汁でもあります。

ご飯の代わりにお粥にするのも朝食らしさです。そのほか、納豆は欠かせないとか生卵は必須とか好みでいろいろでしょう。

洋食好きはトーストにジャム。ジュースやコーヒーだけではなくハムエッグ、スクランブルエッグなど卵料理にソーセージやハム、ベーコン、ベイクドビーンズなどが入ったイギリス風。フレンチ風は、クロワッサンやブリオッシュにコンフィチュール、たっぷりのカフェオレ。もしくはその中間として、サラダや果物がいっぱいとかオートミールと豆乳、グラノーラ、ナッツやドライフルーツなどの入ったシリアルを食べるのはアメリカンスタイルです。

❷夜から朝の長い時間に一日のデトックスをする

朝を抜くのは身体に悪いと言われてきましたが、朝からどのような活動をするか、朝の時間に余裕があるかどうかによって、大急ぎで空腹を癒やすよりプチデトックスでリセットするのが有効な場合もあります。早めの昼食ブランチまで白湯とお水で過ごす方法です。ブランチには、キッシュやフリッタータなどボリュームと栄養のあるものをいただきます。

❸朝は軽くコーヒーやフルーツジュースで調整をする

朝時間のない大人の朝食と言えるかもしれません。

甘味の好きな人は朝にヨーグルトやジュースなど糖度の高い食べ物を取って満足し一日のエネルギーにするのがよいかもしれません。また甘味の種類を黒砂糖、きび砂糖、甜菜糖、ハチミツ、オリゴ糖、希少糖、メープルシロップ、アガベシロップなどに変えるとよいでしょう。

○ジュースの朝ごはん

バナナ＋リンゴ＋ヨーグルト＋ハチミツ（キウイやイチゴを加えるバリエーション）

バナナ＋アボカド＋ヨーグルト＋牛乳＋ハチミツ

バナナ＋ブルーベリー＋ヨーグルト＋牛乳＋ハチミツ

バナナ＋ニンジン＋ヨーグルト＋牛乳＋ハチミツ（きなこ、黒すりゴマ、抹茶、ブロッコリーなどを加えるバリエーションも）

＊牛乳の代わりに豆乳にしても身体によいでしょう。

バナナは欠かせません。栄養バランスがよく甘味がジュースを美味しくしてくれます。シュガースポット（黒い点々）が出てから皮を剥き、両端を切り落とし1センチくらいに輪切りして冷凍しておきます。解凍するとトロトロになって甘味が増す感じがして、これを使うのが便利です。

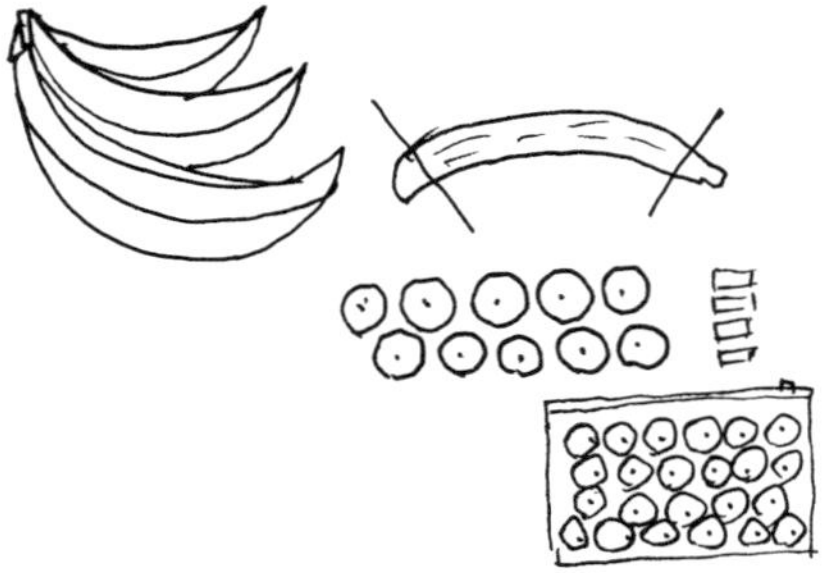

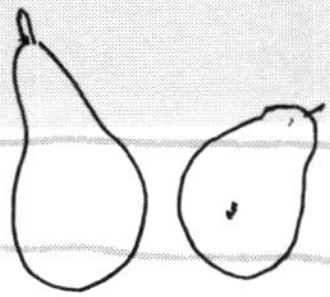

第5章

美味しさは
盛りつけと
セッティングの
美しさから

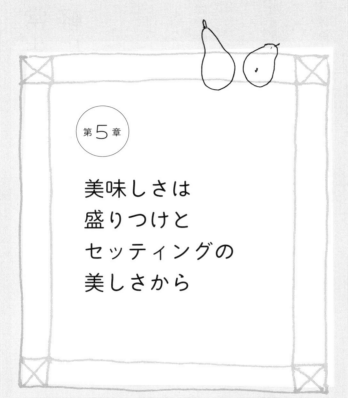

日常生活の丁寧さは習慣で手軽になります

ひと皿にアートがありテーブルにアートができるというのは大げさだと言われそうですが、丁寧な生活を習慣づけるということは、ひと皿の盛りつけに集中してみることです。ひと皿の盛りつけに美しさが感じられたら、それを置くテーブルにあるほかの食器と盛りつけ、テーブルの全体にも注意が行き届きます。それが生活を美しく彩る行為です。

丁寧さとは人に対してだけではなくものに対して、食材に対して、味つけに対して注意深く段取りよく正確に行う行為です。行為の丁寧さは習慣です。急いでいても突然のときにも、習慣として身についているものは考える必要もなく身体が先に動きます。ですから面倒だとか手間がかかると感じないのです。

これを料理というクリエイティブな知的行為の一連として、身体に躾けるのは有効なことです。味覚からセンスアップし、さらに盛りつけやセッティングという空間的な要素を加えて高度にセンスアップできるのです。

一度ついたよいセンスは味覚、食の美味しさだけではなく生活行為のすべて、生き方にまで広がります。

1 日常で楽しむ盛りつけ三つのポイント

盛りつけで美味しそうに見えるのは、「美味しい」という感覚が味覚だけではなく視覚も加わった総合的な認知によるものだからです。料理をお皿からあふれんばかりに盛りつけるのは豊かさの表現とも思えますが、取りづらかったりするので見た目の美しさ以前の問題です。

❶お皿や器に対して70％の分量に盛りつける

これが盛りつけの基本です。器も料理もそれによって相乗効果を生み、美味しい美しさになります。料理したものを全部一度に盛りつけてしまわず、足りなければ後で追加すればよいのです。

❷立体的に盛りつける

料理が立体的に見えるように重ねて持ち上げ浮かせる工夫をします。押さえつけたり平面的なものは取りづらく、美味しさを感じる表現になりません。

❸彩りのよい形の整ったものを上に盛りつける

色のある食材が沈み込んだり、形が不明瞭になるのは造形効果が下がります。彩りを考えて上に鮮やかなものをのせます。形の悪いものは土台にして上に形の整ったものを見せます。

盛りつけの効果は視覚的効果と取りやすさ、食べやすい大きさなどの思いやりが大切です。和食の盛りつけの基本は器を生かし食材と料理の色や形だけで創り出します。洋食は器が単純ですからソースで演出を加えたくなるわけです。

[盛りつけ方いろいろ]

杉盛り

重ね盛り

寄せ盛り

混ぜ盛り

平盛り

流し盛り

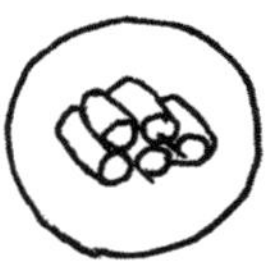
俵盛り

散らし盛り

詳しくは、拙著『空間デザイナーが教える　盛りつけのセオリー』
（ディスカヴァー刊）をお読みください。

2

日常で楽しむセッティング三つのポイント

食卓のセッティングは全体のコーディネーションの統一と調和が最重要です。洋のコーディネーションで器をすべてそろえる（シェープもパターンも）のはそのためです。日本人はさらにその上の高度な技を発揮します。ストーリーに重点を置きます。簡単なストーリーは季節です。季節でまとめると比較的容易く、多くのエピソードが演出できます。その最高峰は茶道のお茶事です。料理やお道具そして部屋のしつらえまでがひとつの物語です。しかしこれは日常生活で望んでも無理なことです。

日常のセッティングの基本は、次の三つです。

❶それぞれの席に丁寧にセットする

まず席に着く人の前に正確にそろえて置きます。物をまっすぐに一度で直さずに置くのは丁寧な技のひとつです。普段使い、客用と分けず、日常生活によい食器を使っていればものの扱い方も自然に丁寧さが身につきます。

❷テーブルクロスを毎日の食事で使用する

クロスと食器と盛りつけ、そこに出てくる彩りをまとめるセンスを磨きます。毎日の盛りつけやセッティングで繰り返せばより容易く自分で躾けることができます。

❸季節に合わせた素材の食器を使いこなす

普段からストーリーづくりまではできません。できるのは夏には涼しげな取り合わせの工夫、ガラスのものを生かし、冬には冷めにくいお椀などの漆器を多用することです。この食器の素材の使いこなしこそが日本人の日常生活の丁寧さです。夏と冬で食器の入れ替えをすれば使わない食器の無駄もなく、季節感も楽しめます。

3 食器選びで生活感覚を整えます

基本の食器は白磁です。盛りつけの彩りも映えますし、飽きがきません。色柄がないものは、和食器とも一緒に使うことができるので、さらに自由度が増します。厚手のものより薄手の、できれば上質なものがよいでしょう。テーブルクロスの色、花の色、キャンドルの色など来客のときのセッティングにも変化が出せ、日常から来客まで使い回せます。白磁のノーブルな質感になじんでおきましょう。

食器選びのポイントを四つご紹介します。

❶プレート二種、深皿二種

まず最初にそろえるべき最低限の食器です。ふちの形（シェープ）は使い手の好みが反映されます。柄の物、色の物を追加したくなったときにシェープが司じであればコーディネートしやすくなります。

❷グラスはワイングラスとタンブラーの二種から

ステム（脚）のついたものとタンブラー（ステムなし）、この二種のグラスが最低限必要です。薄手のクリスタルなら飲み物だけの味わいを堪能できます。海外ドラマなどではステムのあるグラスをブランデーグラスのような持ち方をしていますが、惑わされずステムを持ちます。ステムを持てば、見た目の所作が美しいだけではなく、グラスを汚さないでワインが楽しめます。

❸スターリングシルバーのナイフ、フォーク、スプーン、もしくはお箸

カトラリーは持つならスターリングシルバーのテーブル用、デザート用のナイフ、フォーク、スプーンが最低限です。少しずつそろえていきましょう。

とりあえず、ということであればお箸です。お箸はステーキが切れないだけで万能です。

持ちやすい挟みやすいお箸でそろえます。箸の使い方で手と一体感を持たせましょう。箸先の汚れは上手さのバロメーターです。

スプーンの代わりにレンゲがあればという組み合わせも最低限のそろえ方では考えられます。

❹ご飯茶碗、お椀、鉢、ボウル

和の物を追加するとすれば、ご飯茶碗、お椀、大鉢、小鉢でしょう。次の段階での食器選びは料理に合わせて増やします。食器の魅力ではなく何を盛りつけたら美しいかを考えながら選びます。

さらに和食器をそろえるなら、銘々皿（15センチ）、湯呑み・茶托、急須、土鍋、レンゲ、そば猪口、お手塩皿、角皿、長皿、大皿、片口、サービス用の取り箸、来客用の利休箸などをそろえていくといいでしょう。

[ディナー食器の種類]

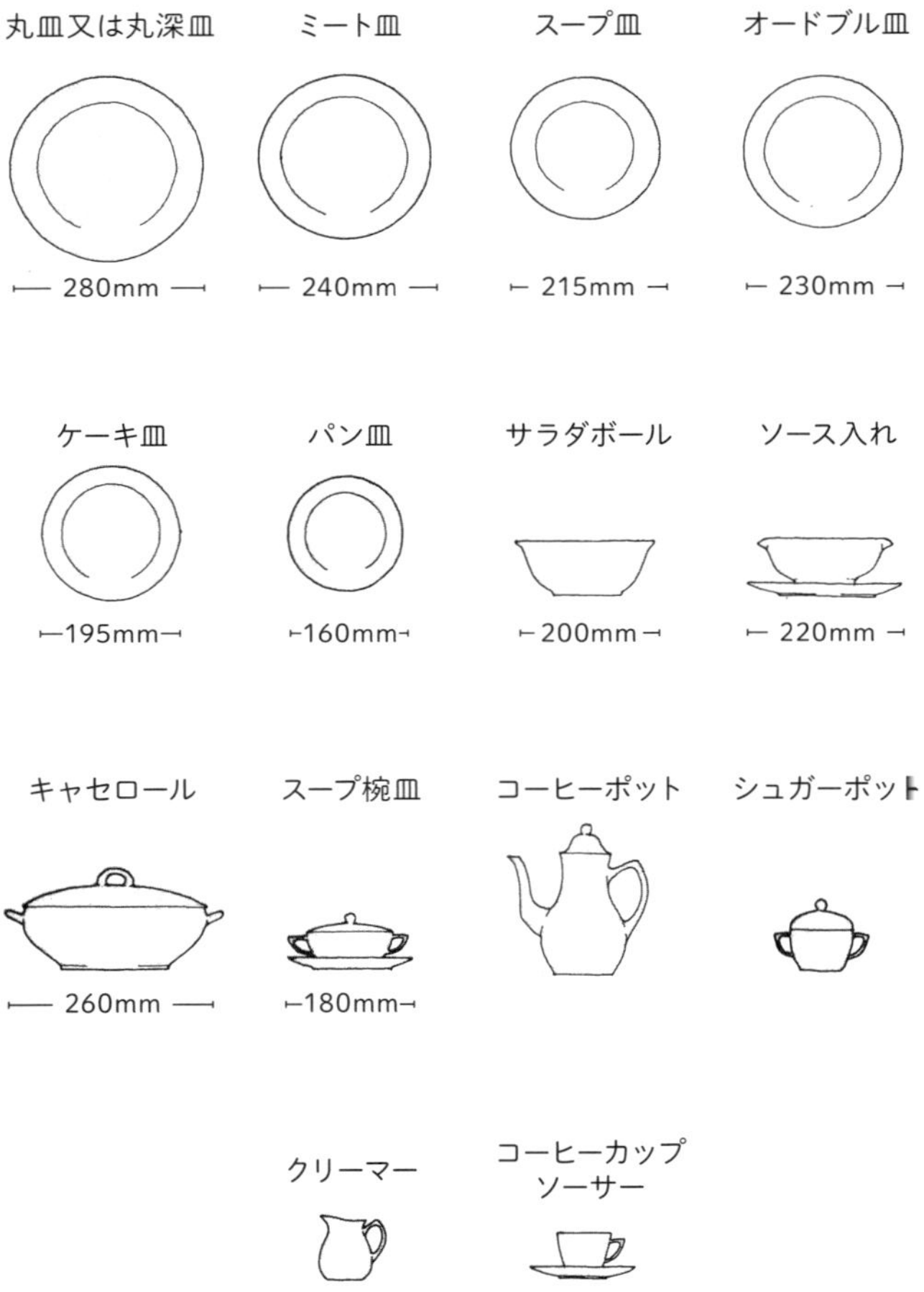
丸皿又は丸深皿
ミート皿
スープ皿
オードブル皿
280mm
240mm
215mm
230mm
ケーキ皿
パン皿
サラダボール
ソース入れ
195mm
160mm
200mm
220mm
キャセロール
スープ椀皿
コーヒーポット
シュガーポット
260mm
180mm
クリーマー
コーヒーカップ
ソーサー

4 丁寧に心を込めて花を飾ります

花を部屋に絶やさないことは、それがどんなに小さなフラワーベースに活けられたものであっても、みずみずしさを演出してくれます。

テーブルクロスと花の色、キャンドルの色はセッティングのまとめどころです。花は季節を表してくれますから季節のいろいろな花と色との組み合わせで物語をつくり出すことなど実に手軽に練習できるのです。花はあって邪魔になるものではありませんから、人との交流の中で花を送りましょう。

大皿に盛りつけた料理を各自のお皿で取り分けて食べるときにテーブルの中心にお花があると邪魔だと感じたら、ダイニングテーブルの脇、サイドテーブルの上に置いてもかまいません。生花が活けてあることが日常生活を快適に整えるひとつなのです。季節を感じる気分のゆとりも与えてくれます。

［フラワーアレンジメント３つのパターン］

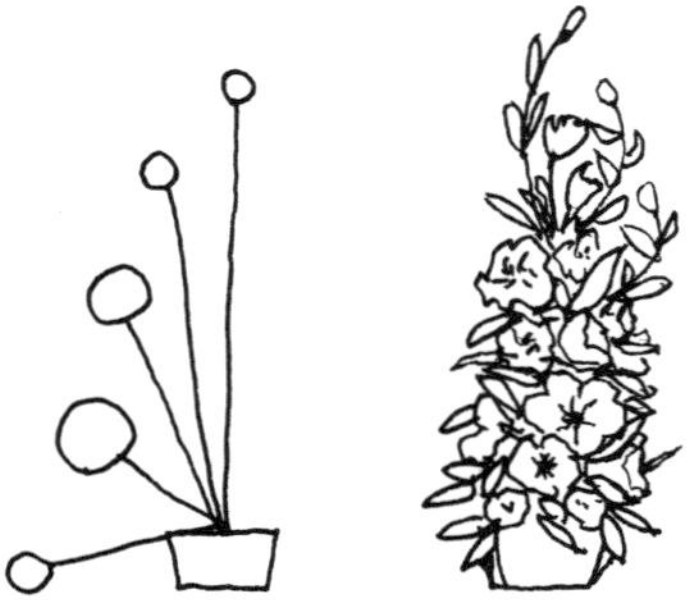

バーティカルパターン
（直立型）

円錐型を縦に割った形です。背が高いのでビュッフェテーブルやリビングのコーナーに置きます。
上部は軽く透け感のある花を配置し、中心にはポイントとなる花（バラ、カーネーション、マリーゴールド、百合など）を持ってきます。

ラウンドパターン
（円形）

上から見たときの形を丸く調えます。四方どこから見ても美しいので、丸テーブルのセンターピースに向いている生け方です。

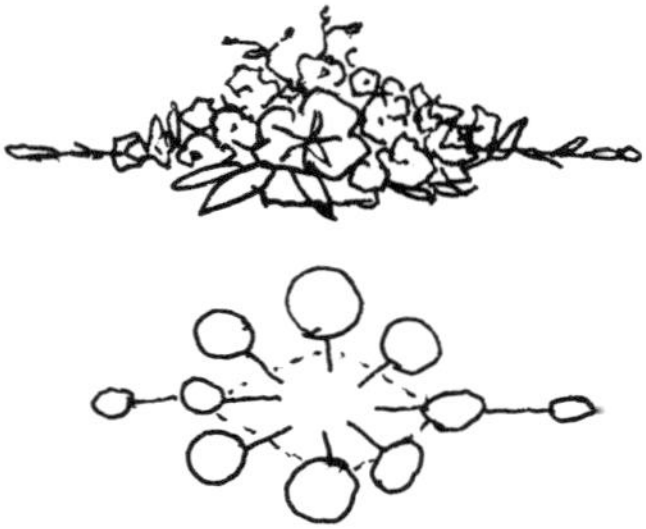

ダイヤモンドパターン
（ダイヤ形）

上から見たときの形を菱形にします。ラウンド型と同じく、四方どこから見ても楽しめるので、角テーブルに置くのに適しています。

5 食卓の会話も家庭料理の一部です

家庭内のエンターテインメントは、毎日の食事に始まり記念日の特別な食事です。できるだけ外食で済ませたい、ファミリーレストランでそれぞれが好き好きに違うものを食べられて楽しいという考え方は手間いらずだから、みんなが喜ぶから、という理由づけはありますが、もはや今日的な考え方ではありません。

日常生活で大切なことは、家族で同じものを食べることです。できれば同じ時間にひとつのテーブルクロスを囲みながら過ごすことです。同じ味をともにすることで、コミュニケーションが生まれます。美味しい料理は家族をにこやかにします。当然会話が弾みます。

料理をするキッチンを自分だけの特別な場と考えず、管理やコントロールをしながらも、誰もが使える解放区にしておきましょう。食事の場だけではなくコミュニケーションが拡がります。料理は誰もができなくてはならない、最低限のサバイバル技術です。家族で料理することは食べ物に関心を持つだけではなく、家族のチームワークも高めます。特別な日の特別な料理を囲むことができたら豊かな気分は思い出ともなります。

家族の食によるコミュニケーションはチームワークを生み、食の技術の共有が情報を豊かにし、食生活を美しいものにしていくことにつながります。

第6章

お招きも、
いつもの
自慢料理で

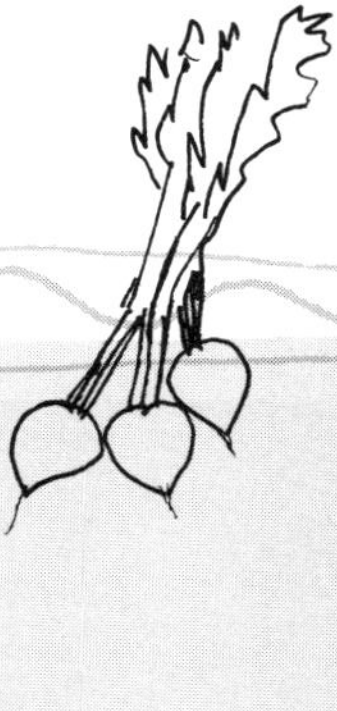

お客様にいかに満足していただくか

相手に対する気遣いがすべてです。あまり神経質に考える必要はありませんが相手が喜んでくださることだけを心がけます。よく見せようとか成功させようとかの背伸びも多少はあってもよいわけですが、お招きした方を困らせないことです。粗相や不注意が起きても相手を気遣います。むしろこちらの落ち度と考えます。

どんなに美しいセッティングであれ美味しい料理であれ気楽に楽しめなくては美味しさも感じません。美しいことにも気づかないかもしれません。招くほうがおおらかに何でもありと心得ていることが大切でしょう。

1

見た目美しく、粗相はサービスでカヴァーします

普段以上に普段の手際が試されます。日常生活で慣れていても、家族以外の人を招くのは気苦労があります。そしてその気苦労こそがステップアップになるのです。

美しければすべてよしと心にとなえて、このときばかりは美をつくり出すアーティストのごとく集中力を発揮します。とはいえ神経質になったり、ほかの家族がその気むずかしさにうんざりするようではお招きはできません。家族に手伝いを頼みながら余裕を持ち段取りよく、正確に進めるのが理想です。

ただしたいていの場合ひとつや二つの手違いは出るものです。見た目のパーフェクトを望んでいても、いざ手違いがあればそれをカヴァーするのはやさしいサービス力です。見た目以上に、人の心をとらえるのが丁寧なサービスだからです。見た目は自分だけの自己満足だとあきらめて、次の機会に再度チャレンジしましょう。

お招きのテーブルを美しく整える秘訣は手順と正確さです。

❶前日に点検・掃除しておく

来客のある前日にお招きする部屋、玄関、洗面所など家中の再点検とお掃除をしておきます。当日は気づいたところだけを直します。

❷テーブルクロスを敷く

当日の来客時間から逆算しながらまずはテーブルクロスを完全に整えます。アイロンを掛け、アンダークロスからセットしていきます。二度と手直しがいらないようにするのがポイントです。

テーブルクロスとナプキンはセットのものが使いやすいでしょう。テーブルの大きさ＋20～30センチ四方のひと回り大きなものにします。

❸花などを飾る

別なところで活けた花、キャンドルなど中心になるセンターピースをしっかり正確に置きます。

❹食器をセッティングする

位置皿《いちざら》、またはアンダープレートを座る人の前に正確に並べます。次にカトラリーやグラスを置きます。

❺ナプキンをセットする

ナプキンはあまり手で触れずにボリュームを出したシンプルなたたみ方で置きます。最後に小物や必要なものを点検します。

上図がランチ、下図がディナーのセッティングです。シンプルでカジュアルな現代の家庭のテーブルでは、テーブルを囲む人たちが和み、楽しい気分で食事ができることが最も大切なことです。

2 喜ばれるのは定番の得意料理です

あれやこれやと新しい料理を披露したくなりますが、みんなに喜ばれるのは前のパーティのときにも絶賛されたあの料理です。自慢の料理はいつでも喜ばれます。自分の味つけ、調理法を聞かれると、やりがいがあったと感じられます。メニューの豪華さではなく味つけの美味しさこそがホームパーティの料理に大切なことです。

基本的にはシンプルなメニューで美味しさに工夫をしたいものです。持ち寄りパーティ以外では、来客は料理を持って行かないことです（事前に頼まれて内容まで指定のあった場合は別です）。ホストが考えている料理の組み合わせを混乱させてしまいます。

簡単なコースメニュー

コースメニューは簡単なものでまとめます。基本は、オードブル＋メイン＋デザートです。単純でありながら美味しく、品数が少ないほど失敗も少なくなります。

○オードブル

オードブルの役目は、後のディッシュをより美味しく食することができるよう食欲を刺激することです。季節感を出しつつ、メインディッシュとの関連を考えた内容にします。三種類ぐらいをひと皿に小ぶりにまとめるか、一種類でもメインより小さく、また味つけがだぶらないようにします。事前につくっておけるもので用意するのも得策です。盛りつけだけで済みます。

たとえば、食材として、エビ、ホタテ、スモークサーモン、生ハム、タイ、ヒラメ、卵、ハム、イワシなどを季節の野菜と組み合わせて。

生野菜が必要なときには、サラダや魚をコースに入れずに、オードブルにサラダを出し、そこに白身魚、アナゴ、エビ、ホタテなどを組み込みます。

メインディッシュを魚だけにする場合は、オードブルはいろいろな味と食材で、メインディッシュと同じくらいのボリュームにします。

○スープ

スープは必ずしも必要と考えなくてもよいのですが、野菜ペーストの常備食品を使って、冷製スープを用意すれば、つくる手間もほとんどなく、メニューが増えます。

○メインディッシュ

お肉にする場合は、季節によって温かいもの、冷たいもの、常温で美味しいものなど、気を配ります。たとえば、煮込みのお肉、ビーフステーキ、衣をつけた揚げ物、ローストビーフなどです。

○デザート

手づくりが望ましいでしょう。つくり方は、七章を参照してください。

工夫するならたとえば、その日に飲むワインを料理にも使ってあると、飲み物と料理のコンビネーションで美味しさを増幅させられます。

冬場は温かいものをひとつだけは加えます。スープを冷めない器で提供し、メインのサイドディッシュは温めるだけにしておきます。初心者はディッシュウオーマーがないと極寒の時期は盛りつけに手をやきます。季節のよい頃に始めましょう。

ベテランのホストでもひとりでは六人くらいまでが気持ちよくできます。それ以上になると手伝いが必要です。十人以上ならビュッフェスタイルが楽しいホームパーティになるでしょう。

ビュッフェスタイルのパーティ料理

気楽に少し多めの人を招くパーティには、手で取ってひと口かふた口で食べてしまえる小ぶりのアミューズ風の料理が適しています。熱いもの、冷たいものといった心配もなく、季節感にもさほどこだわらず、ひと口で美味しさがあれば成功です。パン、タルト生地などをベースにして、その上に味の合うものをのせます。

フランスパンを使う場合はガーリックトースト（ガーリックバターを塗って焼く）や、ブルスケッタ（焼いてガーリックをこすりつけ、オリーブオイルをかける）にします。

ほかに、全粒パン、サンドイッチ用パン、クルミパンなどの場合、上にのせるものは、ペーストやディップを中心にしますが、形のあるものをのせる場合はころりと落ちてしまわないよう安定する形に切ります。

ブルスケッタにのせるなら

○みじん切りにした酢タマネギ、トマト、バジル

○赤ピーマンのマッシュ（赤ピーマンペーストにジャガイモのマッシュを加えたもの）

ガーリックトーストにのせるなら

○ゆで卵のディップ（ベーコンとタマネギを炒めて、サワークリーム、マヨネーズ、塩、こしょう、パセリとともに、つぶしたゆで卵と混ぜ合わせます）

○テリーヌとコルニッション（小きゅうりのピクルス）

トーストパンの角切りにのせるなら

○生ハムとナス（焼きナスをだしに漬けたもの）

○スモークサーモンと酢タマネギ、レモン、ケッパー

○モッツァレラチーズ、またはカマンベールチーズのユズ味噌漬け

小型のシュー皮に入れるなら

○アボカドのムース（アボカドペーストに泡立てた生クリームを混ぜたもの）

○ほうれん草のムース（ほうれん草ペーストに泡立てた生クリームを混ぜたもの）

サンドイッチ

○きゅうりのサンドイッチ

○ロースハムのサンドイッチ

○卵のサンドイッチ

デザート

○そば粉のクレープ（小さく厚めに焼いて、マロンペーストやヌテラチョコのペーストをのせます）

○ババロア（果物をピューレ状にして、その半量くらいの砂糖、粉ゼラチン〔ピューレ200グラムに対し大さじ1程度〕、白ワイン、クアントローなどを適量入れて混ぜます。生クリーム〔ピューレと同じ分量〕を同じくらいのとろみになるよう泡立てて加え、冷蔵庫で冷やします。ミニグラスに入れ、自家製ジャムや泡立てた生クリームで飾ります）

3

高級食材を試す機会にもなります

得意で定評のある料理に加えて、普段食べていないような美味しい食材もこのようなときに試すというのも話題性があります。

持ち寄り料理のパーティでない限り、鶏の唐揚げは出さないのがよいでしょう。確かに誰もが好きな美味しいものではあるかもしれませんが一方で安上がりな料理にしたのかしらという疑惑を持たれます。

フォアグラ、キャビア、トリュフは世界の三大珍味で贅沢食材と言われていますが、味は産地や品質・銘柄などのランク次第です。ランクが低いと、高いだけで美味しいとはいえないでしょう。珍しい食材でお客様を驚かすことより、いつもの食材のレベルを上げ、いつもよりひと手間かけることがもてなしの基本です。

○贅沢ブフ・ブルギニョン（牛肉の赤ワイン煮）

赤ワインに浸けた牛肉（いつもより高価なもの）に小麦粉をまぶしてニンジン、タマネギ、ガーリックなどと一緒に炒めて赤ワインを入れて煮ます。牛肉をお皿に取り出し、オリーブオイルで炒めたベーコンとマッシュルーム、小タマネギを上にのせます。牛肉を取り出した後のスープをこして少し煮詰めてソースにし、上からかけます。

とはいえ、高級食材で何が人気なのかは知っておき、予算内でよいレベルのものが手に入ったときは大いにふるまいましょう。

○三大珍味以外の高級食材例

鯛、フカヒレ、松茸、フグ、マグロのトロ、アワビ、伊勢エビ、松坂牛、イベリコ豚のハム、ハモ、舌平目、ホワイトアスパラガスなど

4

相手を思いやることがすべてです

大きなお肉の塊や丸のままのチキン、ターキーなどを切り分けるのはサービスが難しいですが、ダイナミックな演出になります。

一方、実際に食べるときには小さめにサービスされていることが必要です。食べやすい大きさは特にお箸を使うときには大切な気遣いです。

マナーとサービスをちょうどよいバランスで両立させるには、食するという行為をよく想像し、相手を思いやる気持ちが必要です。ホームパーティが料理とセッティングだけの遊びではなく、料理も盛りつけもサービスも知性を高める文化的行為だということです。

とはいえ最も大切なことは招いた人を満足させることです。美味しさと思いやりは人にとって崇高な行為と言えるのでしょう。

第7章

スイーツこそ
自家製で
つくりましょう

簡単でナチュラルなスイーツは日常食の一部です

美味しいプロのスイーツに夢中になって買い求めたくなります。有名パティシエのお店やランキングにも興味深いものがあります。

スイーツ好きが三食スイーツで生きられたらと夢描いても不思議はありません。これだけ美味しい甘さを知ってしまうと自分でつくるなんて考えられないのが普通です。

家庭料理の枠の中で、食後にナチュラルで何気ない身体によさそうな甘さを自分でもつくりたくなったら、味覚革命が起きていると言えます。なぜなら自家製の加工や味つけでつくられた味覚は、コンビニスイーツも有名パティシエのスイーツも年中食べるものではないという違和感を感じはじめるからです。少なくともスイーツは特別なものではなく家庭料理の延長線上にあり、日常の食事の一部なのです。

1 コンフィチュールは手軽にできます

果物は切って皮を剥いて弱火またはとろ火で吹きこぼれないように煮て柔らかくなったらお砂糖を加え、好みでリキュールも加え、八の字で混ぜながら水分を飛ばします。これで自家製コンフィチュール（ジャム）なのです。

酸味の少ない果物はレモンの絞り汁を加えたり、自分味として甘さの種類もスパイスも、好みのままにできる最も簡単なスイーツのひとつです。ただ火加減の注意をします。火をつけているときは離れず、鍋底をかき混ぜていることです。

グラニュー糖や白砂糖は果物の色を美しくしてはくれますが、自家用には黒砂糖、きび砂糖、甜菜糖、ハチミツ、オリゴ糖、希少糖、アガベシロップなど好みの甘さを選びます。リキュール類を加えるのも美味しくできる贅沢さです。

手軽にはリンゴ、ブルーベリーなどは美味しく煮詰まってくれます。ドライプルーンは紅茶を使ってほどよく煮ます。柑橘類はマーマレードにします。ユズは一個あれば皮や絞り汁だけでなく残すことなく使え、種は化粧水になるので捨てるところはありません。

スイカのジャムも夏場に手軽です。中心部はそのまま食べ、次をジャムにします。甘みが薄いところも煮詰めれば甘くなります。次の白いところはピクルスにすれば食べ尽くせます。

2 このパウンドケーキは失敗しません

洗って長方形に開いた牛乳パックに生地を流し込んで、電子レンジで7～8分で簡単にできます。アーモンドプードル、きなこ、そば粉、ココアパウダー、ラムレーズン、ベーキングパウダー、自家製のジャム、牛乳、生クリーム、泡立てた卵、ココナッツバター、好みのお砂糖をボウルで混ぜて加熱するだけです。

普通お菓子はきっちり分量を量らないと失敗しますが、このパウンドケーキは大丈夫です。分量が適当でもほとんど失敗なく短時間でできます。

分量や入れるフルーツ、ナッツなどの選択でかなり独創性を発揮できます。ココアパウダーの代わりにレモンの皮をすりおろし、レモンの絞り汁も入れるとレモン風味に。

多少思い通りにならなくとも生クリームを泡立てて添えれば十分美味しく、ベーキングパウダーを使わなくとも卵の泡立て加減でふわっとなります。

3 和菓子もこれならできます

和菓子というと季節をあしらった美しい形や色を想像しますが、それはお茶の席でのお菓子です。日頃の和菓子はお彼岸のおはぎなど手づくりで十分楽しめるものです（「春はぼた餅、夏は夜船、秋はおはぎ、冬は北窓」という言葉があります）。

○餡

小豆を餡にするのが面倒と言わず、小豆を煮て好みの砂糖でじっくり自分の餡をつくります。小豆は水に戻さなくとも洗ってたっぷりの水で強火で煮ます。沸いたら中火で7、8分でざるに空け、もう一度同量の水で中火、差し水しながら柔らかくなるまで小一時間。柔らかくなったら小豆と同量の砂糖で焦がさないように底から練り上げて水を飛ばします。

底に一の字が描けるまで練ります。最後に塩をひとつまみ入れます。冷えると堅くなりますのでしっかり柔らかく練ります。冷凍も可能です。餡にせず、ゆで小豆で冷凍してご飯に炊き込むなどもできます。小豆は栄養豊富です。

餡があればおぜんざい、お餅と餡、白玉粉のお団子、白玉とヨモギの草餅になど、小豆の餡は便利で満足感の大きい甘味です。

○寒天

寒天は夏のデザート、黒砂糖で黒蜜をつくりそれで十分ですが、果物や豆などを入れてみつ豆も家庭でできるおやつの甘物です。

棒寒天は水で洗い、水につけて柔らかくなったら手でちぎり、一本につき５００ccの水の分量を目安に煮て、好みの固さに凝固させます。

4

タルトの生地もつくります

タルトケーキの皮は買ってくるものと決めないで、つくってみればそれほどの手間ではない上、手づくりの美味しさに驚きます。

リンゴや洋なし、ブルーベリーのタルトなどです。季節のタルトは果物が主役ですが、ベースのカスタードクリームも美味しくつくれば誰もが驚くケーキづくりです。同じタルトの生地でランチタイムに嬉しいほうれん草のキッシュもできます。

○タルト生地（パートフォンセ）

タルト2枚分、一週間の間に使います。薄力粉250g、バター125g、卵黄1個、水50cc、塩ひとつまみ、砂糖ティースプーン2が材料です。

薄力粉を直径30センチくらいの円に拡げ、ドーナツのように真ん中を空けます。そこにポマード状に練ったバター、卵黄、砂糖、塩、水を加えて混ぜます。ばらついても構わず粉を寄せひとかたまりにまとまったら2分の1に分け、ラップして冷蔵、次の日に生地をめん棒で押して拡げ、タルト型に合わせて焼きます。

○カスタードクリーム

卵黄7個、砂糖110g、薄力粉31・5g、生クリーム45cc、牛乳360cc（人肌）、バニラエッセンスを用意します。

ボウルで卵黄と砂糖を混ぜ、薄力粉を加えてさらに混ぜます。生クリーム、牛乳、バニラエッセンスを加えて混ぜたら鍋に移し、火にかけたら底をならしながらかき混ぜ、フツフツといってきたらボウルに戻してあら熱を取ります。

あとがき

美しいということは、人を楽にしたり気分をよくしたりするものです。美しい食とは美味しいということ、気分のよい食事、楽しい食卓です。

最近の美味しすぎる食は、美味しさだけを追求しすぎて不自然な均一性を感じます。つくられすぎは美味しさも見た目も、飽きてしまいがちです。味覚は消費願望と似たところがあります。エスカレートして、戻れなくなるのです。欲望が果てしないのと同じです。

つくられすぎた美味しさではなく、もっと自然な美味しさによってこそ、よい感性が磨かれるのではないでしょうか、ということを本書でお伝えしたかったのです。

お料理好きの方はもっと珍しいレシピを、期待されていらしたかもしれません。この程度ではご満足はないでしょう。お料理が苦手な方やお忙しい方、外食の多い方に申し上げたかったのです。人生の時間を、もっとたくさんご自分のそして家族の食のために、使っていただきたいのです。季節で変化する豊かな食材と調理法を使って料理をすることは、日本人ならではの幸せのひとつであり、その上お料理から多くのことが学べるからです。

おだしやブイヨンなどお味のベースになるものこそ、自分で用意するべきです。それだけつくっておけば、後は自分が認定した上質なお醤油やみりん、お砂糖、お塩などの調味料を使い、蒸す、焼く、煮る、炒める、揚げるを上手にやればよいのです。

面倒なことはやめましょう。料理名を忘れましょう。栄養のある食材のバランスと旬の美味しさだけを意識しましょう。簡単な方法で丁寧に。それが家庭料理です。

毎日の美味しいお料理で家族の性格や習慣を変えることができると、昔、先輩から教えられました。その言葉を信じて、インテリアアーキテクトとしてキッチンの設計をするときは、必ず料理についてもいろいろ考えてきました。そのことが間違っていなかったこと、それを信じて正解だったと今思い至っておりますが、果たしてお伝えしたかったことがご理解いただけたでしょうか。

編集にご苦労いただきました大竹朝子様をはじめ温かく厳しく見守ってくださった千場弓子様に心より感謝申し上げます。お読みいただきました皆様が食の充実で健康を維持していただき、料理から学ぶ原理原則に気づかれ、感性を磨いていただくことのお役に立てば、この上ない幸せなことと存じます。

2016年春　加藤ゑみ子

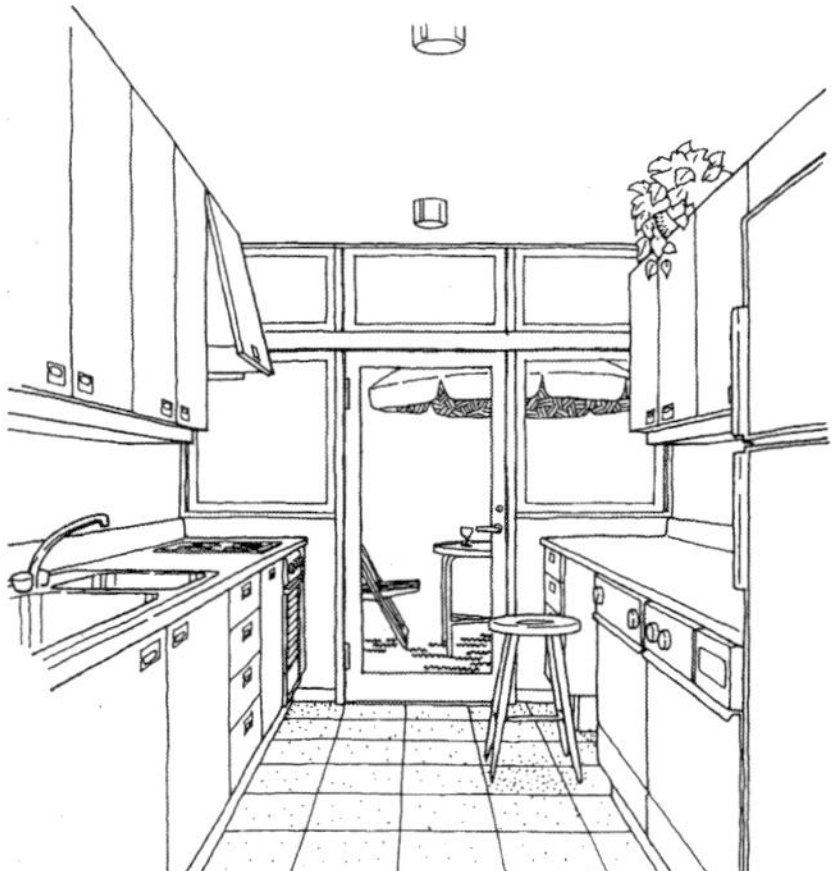

累計著作60万部突破！

加藤ゑみ子の本

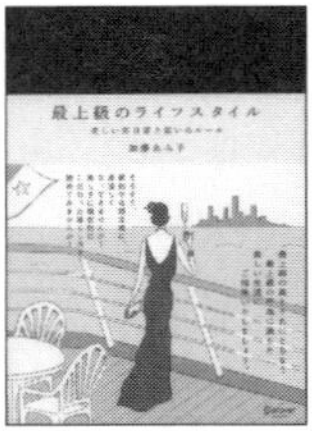

美しい非日常と
装いのルール
最上級のライフスタイル
1300円

淑女に見える
気品のルール
1400円

シリーズ30万部

お嬢さまことば
速修講座
1200円

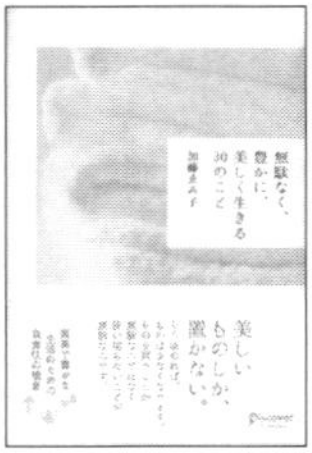

無駄なく、豊かに、
美しく生きる 30 のこと
1700円

シリーズ20万部

淑女のルール
1000円

気品のルール
1100円

上質なものを
少しだけもつ生活
1300円

空間デザイナーが
教える
盛りつけのセオリー
1300円

好きなモノと
楽しく暮らす
収納のルール
1300円

加藤ゑみ子　プロフィール：

インテリアアーキテクト、（株）空間構造代表取締役。桑沢デザイン研究所インテリア住宅専攻科卒。加藤ゑみ子インテリアサロン、オープンハウスの設立を経て、1988 年、（株）空間構造を設立。住宅・インテリア設計、住宅関連商品におけるデザインを専門とし、生活研究、テーブルセッティング等にも造詣が深い。『お嬢さまことば速修講座』『淑女のルール』等のシリーズ（小社）は累計 50 万部を超え、『気品のルール』は、中国、台湾、韓国をはじめ、イタリアでも出版される。

※ 表示価格はすべて税抜きです

時間やお金をかけなくても
手軽にできるていねいな食生活

発行日　2016年4月15日　第1刷

Author　加藤ゑみ子

Illustrator　石坂しづか（p91～94, 168）／加藤ゑみ子
Book Designer　五味朋代（フレーズ）

Publication　株式会社ディスカヴァー・トゥエンティワン
〒102-0093　東京都千代田区平河町2-16-1 平河町森タワー11F
TEL　03-3237-8321（代表）
FAX　03-3237-8323
http://www.d21.co.jp

Publisher　干場弓子
Editor　大竹朝子

Marketing Group
Staff　小田孝文　中澤泰宏　吉澤道子　井筒浩　小関勝則　千葉潤子　飯田智樹
佐藤昌幸　谷口奈緒美　山中麻吏　西川なつか　古矢薫　米山健一　原大士
郭迪　松原史与志　蛯原昇　安永智洋　鍋田匠伴　榊原僚　佐竹祐哉
廣内悠理　伊東佑真　梅本翔太　奥田千晶　田中姫菜　橋本莉奈　川島理
倉田華　牧野類　渡辺基志　庄司知世　谷中卓

Assistant Staff　俵敬子　町田加奈子　丸山香織　小林里美　井澤徳子　藤井多穂子
藤井かおり　葛目美枝子　竹内恵子　清水有基栄　伊藤香　阿部薫
常徳すみ　イエン・サムハマ　南かれん　鈴木洋子　松下史　永井明日佳

Operation Group
Staff　松尾幸政　田中亜紀　中村郁子　福永友紀　杉田彰子　安達情未

Productive Group
Staff　藤田浩芳　千葉正幸　原典宏　林秀樹　三谷祐一　石橋和佳　大山聡子
堀部直人　井上慎平　林拓馬　塔下太朗　松石悠　木下智尋　鄧佩妍　李瑋玲

Proofreader　文字工房燦光
DTP　アーティザンカンパニー株式会社
Printing　日経印刷株式会社

ISBN978-4-7993-1864-5